ワセダ発!
ぶつかる社会連携

大学職員による
教育プログラム

友成真一
早稲田大学 社会連携研究所所長

水曜社

「発刊に寄せて」

早稲田大学総長　鎌田　薫

少子高齢化やグローバル化の波を受け、日本の大学を取り巻く環境は大きく変化してきています。新しい時代に適応するための大学改革は、目に見えやすい入学制度や卒業要件だけでなく、社会人基礎力やグローバルリーダーなどと言い表されるような、大学が育成すべき人材像にまで及んでいます。

本学の創設者である大隈重信の言葉に、次のようなものがあります。

学問をするには脳の力を要し、仕事をするには腕の力を要し、身體《しんたい》を動かすには脚力を要する。而《しか》して、学問と云い、事業と云い、苟《いやしく》もこれを大成せしめんとするには、先ずこれを統《す》ぶるに意志の大いなる力を要するものである。（中略）凡《おそ》そ人間の向上発展に必要なるものは勇気である。

出典：「力の養成」雑誌「眞人」第29号、1頁。1913年。

ここで大隈重信が言わんとしているのは、「叡智」「実行力」のすべてを統一するのは「意志の力」であって、その意志を貫くのは「勇気」ということです。知の探究や知の習得、またはさまざまな訓練によって培われる能力の基盤に、「なぜ自分はそれを行うのか」を問う「志《こころざし》」としての「勇気」があるということです。

さて、グローバル人材の育成はどのような思想を元とすべきでしょうか。社会連携推進室内での議論の結果、大隈重信が三大教旨の中で謳った「模範国民の造就」に立ち返るべきだとの結論に至ったと聞いています。言い換えれば前述の、「自らを動かす勇気を育てる」ことがカギではないかにたどり着いたのです。

そして、この思想に基づいて具体的に立ち上がったのが、本書で紹介するIPPO（一歩）プログラムです。

実は、このIPPO（一歩）プログラムに着手した２０１４年当時から、「自らを動かす勇気を育てるプログラム」という明確な目標が見えていたわけではありません。ワセダらしいとは何か、人間力とはどのようなものかといった命題に対し、目の前にいる学生に何が起こっているのかを見つめ、試行錯誤によってたどり着いたプログラムだと言った方が適しているかもしれません。しかも、このプログラムの中心的役割を担ったのは、教員ではなく、大学職員だったのです。その意味でも、ワセダにとっても全く新しい取り組みでした。

では、どのような教育プログラムであれば、「自らを動かす勇気を育てる」機会となり得るのでしょうか。

プログラムの設計段階や運用時の詳細は本書に書かれている通りですが、そこに関わる教職員の意識の底にあった共通の理念は、学生が「人にぶつかる」ことでした。

ただ、一言で「ぶつかる」と言っても、ここでの「人にぶつかる」という概念は、もちろん一般的な意味である「対立する」ではなく、単に外部講師の講演を聞いたり、インターンシップにおいて担当者の説明を聞いたりするレベルを超えて、個と個がリアルな関係を築くことができているかにまで踏み入っています。

インターンシップを例にとってみましょう。学生にとっては、〝説明をする社会人〟と〝説明を受ける学生〟という、その場の役割だけでプログラム期間が終了することがあります。しかし、ほんとうに大切なのは、その役割を飛び越え、個と個の人としての関係を築くことです。

他者の価値観にきちんと向き合うことを通じて、「では自分はどうありたいのか」を問うことができれば、「人にぶつかっている」と言えるでしょう。そして、「人にぶつかる」ことによって、自らの感性を磨き、「自らを動かす勇気を育てる」と同時に、「他者と共に行動を起こすことができる」ことにつながります。

そしてこれがグローバルリーダー養成のあり方という問いへの一つの解になり得るでしょう。「若いうちに多くの人に会って多くの経験をしなさい」と言われる通り、一般的に人間として成長するためには、他者という要因が不可欠なことは言うまでもありませんが、その核心をなす部分を意図的にクローズアップして焦点を当てたプログラムを考えることが、これからの大学においても重要なのかもしれません。

大隈重信が唱えた三大教旨、「学問の独立」「学問の活用」「模範国民の造就」。この三つ目にある「模範国民の造就」の内容が、まさに早稲田大学をワセダとして存在させる要であり、これからのWASEDAが求めるリーダーシップ像です。それをここで再確認することで、この本の発刊に寄せる言葉を締めくくりたいと思います。

模範的国民とならんとすれば、知識のみではいかぬ。道徳的人格を備へなければならぬ。而して一身一家、一国の為のみならず。進んで世界に貢献する抱負が無ければならぬ。

出典：『早稲田学報』第２２５号、９頁。１９１３年11月。

「はじめに」　この本のこと……

三つの解けない問題

混迷の度を強める社会状況の中で、大学への期待と要請がかつてないほど叫ばれています。大学関係者は、自ら所属する大学の存続をかけて、さまざまな取り組みを試行錯誤しています。そのような中で、私は以下の二つの議論が欠けていると個人的に感じています。一つは、大学の資源、中でも大学職員という資源を最大限に活用すべきではないかということ。そして、もう一つは、大学における教育の本質とは何かという永遠にして普遍的な問いです。

この本では、これらの議論への答えを語る試みがなされています。

その一　大学職員が、新しい学生教育を、どのように主体的に企画し実行していくのか

その二　大学に求められている、新しい学生教育の本質とは何か

しかし、こちらが勝手に「問い」を提示して、勝手に「答え」を提供するのがこの本の真の目的ではありません。読者の皆さまに提供したいのは、以下の三つの解けない問題を、ご一緒に考え続けるきっかけです。

①グローバル人材とは何か

②人を育てる教育の本質とは何か
③大学組織の中でいかに本質的なことをやっていくのか

取り上げる事例

考えるきっかけとして、具体的な事例を一つ取り上げます。この事例は、5万人もの学生を抱えるマンモス大学である早稲田大学の「社会連携教育」の新しいプログラムです。一般的に、小さな規模の大学ほど、本質的な改革はやりやすく、斬新な取り組みができると考えられます。反面、規模が大きな大学であるほど、ジリアン・テット（Gillian Tett）さんが指摘している「サイロ・エフェクト」ではないですが（同氏著『サイロ・エフェクト　高度専門化社会の罠』文藝春秋）、組織が「たこつぼ」化して、動きが鈍くなります。

早稲田大学の事例は、教員ではなく、大学職員が中心となって主体的に立ち上げたところに特徴があります。どの大学の職員にとっても、比較的小規模の大学においてはすぐに実行できるものであり、他方大きな規模の大学においても、組織経営とどのように調整して新しいプログラムを実行に移すのかのヒントが得られます。

思考モデルの導入

三つの難問と対峙する前に、難問を解いていくための思考モデルを、一つだけ導入しておきたいと思います。それは、「マクロとミクロ」という思考モデルです。これを使うことで、この本の大きな主題である、大学職員が教育プログラムを立ち上げる意味と意義を明らかにすることができます。

さて、経済学の分野では、マクロ経済とミクロ経済という使われ方をしますが、もちろんマクロは大きいことで、ミクロは小さいことです。このモデルを二項対比的に捉えてしまうと、何がマクロで何がミクロかを議論し続けるという「思考の罠」に陥る危険性があります。

ここで提供する思考モデルは、思考の傾向性のモデルです。「マクロ方向の思考」と「ミクロ方向の思考」の二つのパターンに思考の傾向性を分けて考えるものです。もちろん、このモデルでも二項対比がもたらす罠から自由ではありませんが、気をつけて使っていきましょう。

もう少し定義におつきあいください。

「マクロ方向の思考」とは、より大きなモノやコトをめざす思考の傾向性のことです。もっと言うと、より大きな世界での評価を高めようとする思考です。大学教育においては、日本の中での評価や、さらには世界での評価を上げたり、学内では一つのプログラムを全学レベルに展開しようとする思考です。

「ミクロ方向の思考」とは、より小さなモノやコトをめざす思考の傾向性です。大教室でのマスプロ講義の数を減らし、少人数のゼミ形式の授業に転換するとか、プログラムの中身を充実させていくとかが考えられます。さらには、ミクロの果てにあるのは、自分一人ですから、一人の人間である自分の内面を掘り下げ、何が幸せなのか、私が生きる価値は何かと問うことは、まさにこの思考傾向だと言えます。

もうお気づきの方もいらっしゃるかもしれませんが、組織で働いていると、組織が求める「マクロ方向の思考」と、自分自身の生き方を追求しようとする「ミクロ方法の思考」が、あらゆる局面でぶつかり合います。私自身、そのような経験をいやというほどしてきました。どうもこの二つの方向の思考は、互いに逆方向をめざしており、永遠に矛盾したまま存在し続けると考えた方が、納得できると気づきました。きれいな答えを出すのではなく、矛盾を前提として適度なバランスをどのようにとるのかが、人生のテーマではないかと。

三つの難問に対するこの本の主張

「マクロとミクロ」思考モデルを使って、三つの難問に対する、この本の主張を簡単に述べておきます。

①グローバル人材とは何か

一般的には「グローバル人材」とは、「マクロ方向の思考」の産物です。より大きな世界で活躍できる語学力や、多くの人を納得させる発表力を磨くことがクローズアップされます。他方、「ミクロ方向の思考」を代表する言葉として「ローカル人材」が考えられます。地域という小さなコミュニティの中で、そこに生きる人たち一人ひとりと向き合いながら、地域をよりすばらしい場としていく。

冒頭で鎌田薫総長が指摘していた、『「グローバル人材の育成」とは『模範国民の造就』であり『自らを動かす勇気を育てる』ことです。そのために『人にぶつかる』とは、まさに「ミクロ方向の思考」による発想です。

かつて早稲田大学は、「グローバル」と「ローカル」を融合した「グローカル」という言葉を使っていました。これは「人を育てる」という観点からは、「ローカル」という名のミクロな現場において経験したことが、マクロな「グローバル」で役立つことを表しています。この場合、ミクロ方向が「原因」となって、マクロ方向が「結果」「成果」となると分析できます。

② 人を育てる教育の本質とは何か

教育の本質論については、さまざまな議論があります。しかしここで「人を育てる教育」と限定して考えると、これはマクロな人ではなく、ミクロな一人ひとりを育てることだと定義できます。もちろん、マクロ方向の教育も大切ですが、マクロ方向の教育が人間として平均的に必要とされる能力を、マクロに育てようとするのに対し、ミクロ方向の教育は、ミクロな個人個人がもつ、全的な人間性が対象となります。

全的な人間性を育てるには、ミクロな個人個人の事情と状況を踏まえ、その時々に必要とされるコトを、手間をかけてやり続けていくことが求められます。これをマクロに行うことは不可能だからこそ、日本においては師弟関係や、私塾という形での人材育成が歴史的に有効だったのでしょう。

だからこそ、本書でご紹介するプログラムの構築にあたっては、「人にぶつかる」という結論にたどり着いたといえます。全的存在としてのミクロな人間を育てることができるのは、全的存在としてのミクロな人間しかいない。これまで幾度となく指摘されてきた教育のこの考えを、再度確認しておいてもいいと思います。

③組織の中でいかに本質的なことをやっていくのか

最後に一番やっかいな問題が残っています。組織は本来的にマクロ方向をめざします。一方そこで働く大学職員の一人ひとりは、ミクロ方向の思考で自分が生きている本質を追究しようとします。この二つの真逆の方向がぶつかり合って、普通はマクロな組織側の勝利に終わります。さらに、このマクロ方向とミクロ方向に引き裂かれる思考の矛盾は、学生たちも同じように感じています。

さて、この矛盾とどのように対峙していけばいいのでしょうか。全国には組織の中ですばらしい成果を上げているにもかかわらず、端から見ていると遊んでいるとしか思えないような輝く方が沢山いらっしゃいます。そのような方々の内面には、実は言葉では表現できないノウハウがたくさん詰まっていて、マクロにマニュアル化することはなかなか難しいと私は感じています。

しかし、一つだけ言えることは、この方々はマクロ方向の能力の重要性を認識して、しっかりとそれを獲得した上で、ミクロ方向の自分自身の生き方にも素直に向き合っているということでしょう。

この本の章ごとの展開

1章は、ミクロな一人の学生の追体験から入ります。その学生が、どのような体験と思考を通じて変化していったのかを、ご一緒にたどってみましょう。

2章では、その学生が参加したプログラムが、マクロな組織の中で、どのようにミクロに産声をあげたのかを、大学職員の証言を通じて明らかにしていきます。プログラムの準備段階です。

そして、3章は入門編の『踏み出す』プログラムの企画・実行段階。4章はアドバンスド編の『つながる』プログラムの具体的な企画段階、5章は『つながる』プログラムの実行段階で、プログラムを実際に企画し、立案し、実行していった大学職員の奮闘の記録です。この記録そのものが、読者の皆さまにとっては「人にぶつかる」追体験でもあります。

最後の6章では、難問の「③組織の中でいかに本質的なことをやっていくのか」を扱います。マクロな組織とミクロな個人をいかに調整し、調和させ、どのように腑に落としていったのかの軌跡が書かれています。

読者の皆さまの水先案内のために、各章の章末には、その章で語られる物語の「結果」「成果」をまとめています。

また、各章のとびらに、この本の構造を「この本の地図」としてご紹介しておきました。ざっくりとご覧になってください。ここでは詳しく説明することは避けたいと思います。なぜなら、この地図の中に、この本で主張したい主たる要素が描かれているからです。

ミクロ方向の思考によるアプローチ

この本では、できるだけ事例の真相を表現するために、現場のプレーヤーや関係者のインタビューを数多く掲載しています。読者の皆さまに対しては、あまり親切ではないかもしれません。マクロな整理に基づいたマクロなノウハウを提供する形にあえてしていません。何度も申し上げている通り、この本を通じて、読者の皆さまに「人にぶつかる」ことを、疑似的に体験していただきたいと思うからです。

というのも、ここでご紹介するプログラムに参加した学生たちに対しても、参加する前にプログラムの詳細な内容や、参加することによって獲得が期待できる成果など、何も説明してはいないからです。企画実行する大学職員たちが一番気をつけたのはこの点です。頭のいい学生たちは、自分たちが求められていることを瞬時に見抜いて、ある程度の成果をあげるために一番効率のいい動きをしはじめます。予定調和的世界をつくりだすことにたけていて、それを効率的に実現できるのが優秀であることの証明だと信じているからです。

知性を発動して予定調和的世界を生きるのではなく、何が起こるかわからない現場で、自分たちの感性と感覚を最大の手だてとして目の前の方に「ぶつかり」、そこから気づきを獲得してほしいと大学職員たちは望んでいるからです。

「勇気」を必要とするのは……

鎌田薫総長の言葉の中にある「自らを動かす勇気」。この言葉を必要としているのは一義的にはもちろん学生ですが、ほんとうは学生をそのように育てようとしている私たち大学関係者ではないでしょうか。

このプログラムに参加した学生から、「それ、ワセダがほんとうにやるんですか？」という声があったと聞きました。たしかに、巨大な学生数を抱えるワセダが、このようなミクロなプログラムに手をつけるのは違和感があるでしょう。しかし、「ワセダだからこそ、それやるんですよね」という声がそのうちに聞こえてきたということです。思えば、早稲田大学の学生たちは、その創設期からはじまる「人にぶつかる」という伝統を受け継ぎながら、互いに切磋琢磨して育ち合ってきたわけです。

実はこのことは、早稲田大学だけではなく、多くの大学がその伝統として保っていることでもあります。ということは、「人にぶつかる」ことを大切にする大学であれば、このようなミクロ方向のプログラムを、「勇気」をもって「一歩踏み出す」必然性はあると思うのです。

再び確認しておきましょう。「自らを動かす勇気」が発動する方向は、マクロ方向ではなく、ミクロ方向であって、大学職員の一人ひとりの「勇気」が、この微動だにしないマクロな社会を少しずつ変えていくきっかけになります。そしてできれば、そんなミクロな「勇気」を応援できる「勇気」を、マクロな組織がもてるといいと思います。さあ、ご一緒に「勇気」をもって船出しましょう。

※本書では原則として登場の皆さんの敬称を略させていただきました。

目　次

「発刊に寄せて」早稲田大学総長　鎌田　薫……3

「はじめに」この本のこと……7
三つの解けない問題／取り上げる事例／思考モデルの導入／三つの難問に対するこの本の主張／この本の章ごとの展開／ミクロ方向の思考によるアプローチ／「勇気」を必要とするのは……

1章 学生が変わりはじめた……21
若いうちは、いろんな人と知り合った方がいい／思春期の悩みが噴出した理由／キャンパスの外に一歩踏み出すための二つのプログラム／ただ会いたいからと思える人との出会い／大企業以外に就職する選択肢が見えてきた

2章 マクロな組織内でのミクロな改革（準備段階）……35
社会連携推進室誕生の背景／社会への貢献と同時に学生の育成もめざす／学んだのは〝探り合い〟の大切さ／CMをつくる目的とは／職員だけで実施したことが評価された／学生の本音から明らかになった想定外のニーズ／学生の教育にシフトして、サークルの学生の支援を行う／な

ぜ、学生が地域に通うようになるのか？／顔が見える関係を構築することが大事な役割／必要なのは、一歩踏み出せない学生のサポートでは？／仮説の正しさをヒアリングと文献の調査などで検証／大学の中長期計画との整合性は？

3章 ミクロな新プログラムの誕生（『踏み出す』企画・実行段階）……75
めざすは「職員」が実施するプログラムの開発／プログラム開発四つの方針／入門編も新たな「体験」のチャンスになる／入門編の概要／告知の内容を考えることでターゲットが明確になった／フラットな関係を生み出す工夫とは？／キャッチボールを大切にする／『踏み出す』の成果／点検・評価、改善・見直しの重要性／リスク管理を行うのは学生のため

4章 プログラムをしつらえる（『つながる』企画段階）……99
ボランティアの協力で始まった『つながる』／大切なのは一対一の関係／重要なのは日常の場に身を置く体験／「民泊」の意味とは？／提供すべきは生き方に触れる体験／地域ではなく対象者の生き方に光を当てる／対象者への謝礼はどうするか？／協力者をどう探すか？／自分の役割を育てていけばいい／同じような体験を後輩にもさせたい／学生のニーズはいろいろ、地域だけでなく中小企業の経営者も／単なる体験でなく、生き様に迫るプログラムだから／対象者の候補選定に職員の地縁も活用／地縁をどのように活用したのか？／成功した三つのポイントとは？／対象者にどのように説明したのか／リスクも合わせて説明する／説明を進める際のポイント／説明の内容だけでなく姿勢も重要

5章 プログラムをミクロに動かす（『つながる』実行段階）…… 143
『つながる』の概要／異質な価値観にふれる〝地域系〟の意味とは／プログラムの設計は対象者に任せる／対象者の負担を減らし、学生の学びの機会をつくる工夫／動画の力／学生の背中を押すことの大切さ／学生に妄想をさせる理由とは？／チームビルディングのために必要なこと／プログラムのねらいを学生にどう伝えるか？／対象者に迫るための心得とは／報告書を出さない学生にどう対応するか？／「二度とこういう田舎には来ない」と考えていた学生の変化／やりがいからＤＮＡへ／対象者にとっての意味とは？／自分も、静かな力強さをもった大人になりたい／職員が現地で観察を行う理由／問いかけの力を十分に発揮させるには／職員も一緒にやってみる

6章 マクロな組織とミクロな経験のバランス（全体調整）…… 189
行政にとってのメリットとは？／社会連携教育を定義すると／学内でプログラムの評価を高めるための工夫／大学にとっての意味とは？／職員にとっての成長とは？／「自分は職員だ」という意識を捨てて得られたものとは？／「これまでの経験が活かせる」とわかったことの意味／場を用意する人にとっても成長の場となる

おわりに …… 213

1章 学生が変わりはじめた

この本の地図

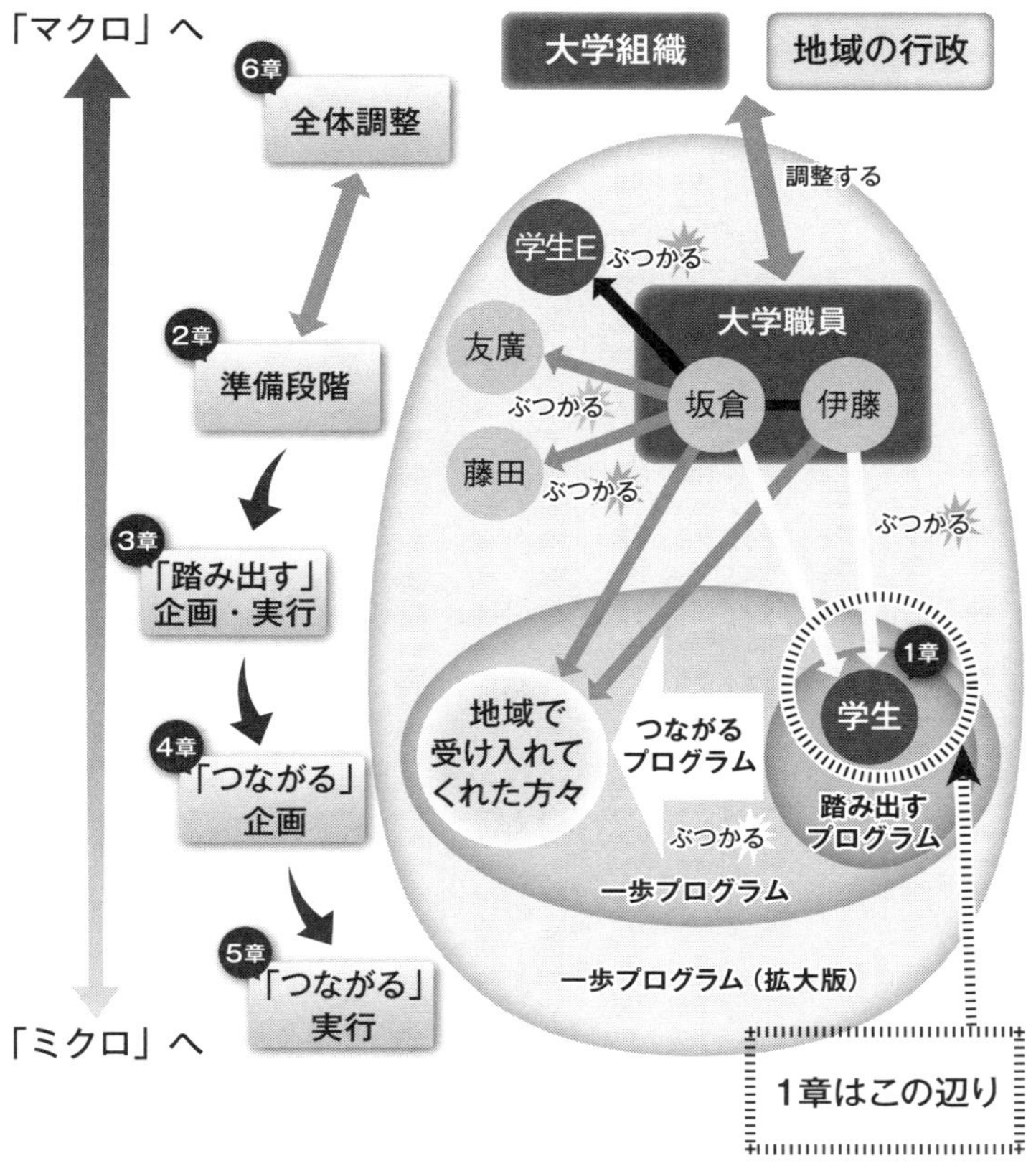

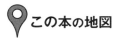

若いうちは、いろんな人と知り合った方がいい

暗闇の中、ライトに照らされてバーベキューが行われていた。３泊４日で実施されたプログラムの３日目の懇親会である。このプログラムに参加した大学1年のＯが、感想を話していた。

「自分以外の二人のメンバーは、こういう地域プログラムに慣れていて、自分だけが未経験者という感じで。ついていくのがやっとでした」

Ｏの発言に、濃紺のＴシャツを着た30代の男性が口を開いた。褐色の肌、やわらかい笑顔だ。

「でも、昨日の夜は、Ｏ君が会話の中心だったよね。早稲田に入るという目的でがんばってきたけれど、合格した後どうするんだ、という感じの話で」

「合格した後、何の目標もなくなって……。何をしたらいいかわからなくなって、とりあえずサークルに入ったけれど、これでいいのかなという状態のままでした。たまたま見つけたこのプログラムに参加したら、こんなところに来ちゃって、ラッキーですね」

Ｏの言葉に、濃紺のＴシャツの男性が答えた

「動いたからだよね。自分でね」

「動いて良かったです」Ｏは笑顔で答えた。

Ｏが参加したのは、早稲田大学の社会連携推進室主催のプログラム「tsunagaru（つながる）」である。目的は、地域で働く人に会いに行き、その人の働き方や生き方に触れること。その相手が、濃紺のＴシャツの男性なのだ。男性の名前は小林恭介。Ｏを含めた三人の学生は、小林

作業をする小林恭介

に会うために東京都心から南に約160キロの太平洋上にある新島にやってきた。小林は新島村役場の職員で「新島村ふれあい農園」で働いている。

懇親会には、三人の学生の宿泊場所として自宅を提供した大沼暁も参加していた。懇親会の最後、大沼は三人に言葉をかけた。

「早稲田の学生が来ると聞いて、青白いやつが来ると思っていたんだよ。でも、第一印象、こいつらいけそうだなって。ちゃんと作業を手伝っていたしね。うちに泊まったわけだけど、お前らがいたおかげで、若い頃を思い出したよ」

「今でも若いですよ」とOが軽口をたたいた。

「やかましい」。大沼の一言に笑いが起きた。

それが収まったところで、大沼は再び口を開いた。

「若いうちは、いろんな人と知り合って、いろんな人と出会ってほしいね。いろんな人の話を聞くと、それが後々自分の財産になっていくから。若いうちは、ほんとうに、いろんな人と知り合った方がいいと思う」

思春期の悩みが噴出した理由

このプログラムにOが参加したのは2014年の夏である。それから約2年が過ぎ、Oは、大沼の言葉がその通りだったと実感している。

「新島に行った頃は、『自分には将来の夢がない』と悩んでいました。あのプログラムの後、いろんな場所に足を運び、いろいろな人の生き方を直に見てきました。自分の進路を考えるための選択肢が増えていったし、自分の立ち位置もわかってきたような気がします。

今は、やりたいことがなくても生きていけるし、自分がほんとうに楽しいと思えることをしていれば、その先が自然と見えてくるはずだと考えられるようになりました。あの頃に感じていた焦りがなくなりました。

この2年間、意識的に人と会おうとしてきたわけではないんです。自分が楽しそうと思ったことをやっていたら、結果として、大沼さんが言っていた通りになっていた。今、改めて大沼さんの言葉を思い出すと、『自分がやってきたことは間違っていなかったんだ』と思えてきて、自信がわいてきます」

小林の手伝いをする学生たち

Oは、大学入学後「自分は何を大切にしているんだろう?」「人とどう関わればいいんだろう?」と悩むようになった。いわゆる思春期の悩みが一挙にOを襲ったのだ。

「今ふり返ってみると、高校時代、先生の言うことを素直に聞いて、学校という狭い世界の中だけで生きていた気がします。部活も一生懸命やっていましたが、自分の意思というよりは、顧問の先生が設定した目標に向かって、ひたすらがんばるという感じでした」

勉強や部活、それぞれ明確な目標に向かって走り続ける。高校生時代のOには、ふと思った疑問やふと感じた不安に目を向けて、それをつきつめて考える余裕がなかったのではないか。そのため、いわゆる「思春期の悩み」が表面化しなかったのではないか。

一方、受験勉強も部活もない大学生活で、O

は自分の心の中を探る時間の余裕を得た。そして「自分は何を大切にしているんだろう？」「人とどう関わればいいんだろう？」と自問するようになったのだ。特に後者がOを苦しめた。

「初対面の人と会ったときは、自己紹介ぐらいでやめておくようにしていました。それ以上、会話を続けようとすると、疲れ切ってしまうんです。『どうすれば気に入ってもらえるだろう？』とか『こんなことを言ったら、失礼ではないか？』とか、いろいろ考えてしまうんですね。そこで、1回家に帰ってから頭の中を整理して、次に話す内容を考えてから会うようにしていました」

大学に入学して、Oの世界は広がっていくはずだった。しかし、新たな人間関係を築くために必要な能力が不足していたことが、実際に世界を広げていく際のネックになっていたのだ。

キャンパスの外に一歩踏み出すための二つのプログラム

Oのような学生に対して、新たな世界とつながるきっかけを提供するために開発されたのが「tsunagaru（つながる）」である。プログラムの開発に携わったのは、早稲田大学の社会連携推進室に所属する職員たちだ。

社会連携推進室は、文字通り「社会連携の窓口」として活動を続ける中で、職員たちは、社会との連携が学生の教育にとって大きな意味があることを実感してきた。

同時に、社会と連携した教育プログラムを実施するうちに、参加した一部の学生との間に本

IPPO（一歩）の概要

1. 入門編「fumidasu（踏み出す）」
ねらい：学内での学生同士の交流を促進させる。

2. アドバンスド編「tsunagaru（つながる）」
ねらい：学生を真に受け入れ、教育することに理解がある協力者を選定して、学生がその人の生活や生き様にふれる。

音を聞ける関係が生まれた。その結果、Oのように、入学後に目標を失って、どうすればいいかを悩んでいる学生がいることを知った。このような学生に対して、社会とつながる体験を通して成長する機会を与えるために、社会連携推進室では、学生がキャンパスの外に一歩踏み出すことをサポートするプログラムの開発に着手することに決めたのだ。そして、プログラムの名称は、ねらいをそのまま表現した「IPPO（一歩）」とすることにした。

社会連携推進室内で議論を重ねるうちに、学生がキャンパスの外に踏み出せるようにサポートするために、二つのプログラムを開発することになった。一つは学内での交流を促進させるためのプログラムで、いわば「入門編」にあたる。このプログラムの名称は、「fumidasu（踏み出す）」に決まった。

もう一つのプログラムは、学生を真に受け入れ、教育することに理解がある協力者を選定して、学生がその人の生活や生き様にふれるという内容で、いわば「アドバンスド編」にあたる。このプログラムは「tsunagaru（つながる）」と名づけられた。

なおこれ以降は、プログラムの名称をわかりやすくするためIPPOを『一歩』と呼ぶことにしたい。合わせて『一歩』を構成する二つのプログラムである、「fumidasu（踏み出す）」は『踏み出す』、「tsunagaru（つながる）」は『つながる』と表記したい。

冒頭に紹介したのは、アドバンスド編にあたる『つながる』である。Oはこのプログラムに参加する前に、『踏み出す』にも参加した。『踏み出す』は2回シリーズで実施されるが、2回目のプログラムにOは遅刻した。

「1回目で、同じグループだった学生と話をしたときに、疲れ切ってしまったんです。『また、同じように話をするのか』と思ったら、正直、出席するのがつらくなってしまって。でも、社会連携推進室の職員さんたちがすごく熱心だったので、なんとかがんばって参加することにしました」

『踏み出す』も『つながる』と同様、社会連携推進室のメンバーだけで実施されている。『踏み出す』は、ワークショップ形式で進められるが、内容の決定や当日の進行はメンバーが担当しているのだ。

「職員さんは、気さくに話しかけてくれました。また、グループの話に加わることもありました。若い頃悩んでいたことや、現在悩んでいることも話してくれて。自分の悩みと共通してい

その後Oが 2015 年夏に参加した富山市の『つながる』プログラム

るところがあったんですね。『そうか、悩んでいてもいいんだ』と思えて、少し楽になりました。その後『つながる』に参加したり、ほかのプログラムにも参加したりするうちに、『悩んでいてもいいんだ』という思いはだんだん強くなっていった気がします」

ただ会いたいからと思える人との出会い

Oは、山陰地方のある地域に通ってフィールドワークを行うサークルに入った。実際に現地に入ったとき、独居老人Pのもとを訪問したことが印象に残っているという。

「Pさんのご自宅には、サークルの二人と一緒に訪問しました。そのうちの一人は、以前もPさんのご自宅に行ったことがあるので、すごく親しい関係でした。

Pさんのご自宅にいる間、僕たち三人はほ

とんど聞き手に回っていました。Pさんは、『すべての人が幸せになるといいね』と何度もおっしゃっていました。最初は、『きれいごとを言っているな』と思っていたんです。でも話を聞いているうちに、Pさんが本気でそう考えていることがわかってきて。びっくりしました」

Oは、ひたすら相手の言葉に意識を向け続けるうちに、Pの深い思いまでキャッチしていたのだ。

「また、Pさんに会いたいと思っています。Pさんは、自分のことを一人の人間として見てくれていた気がします。そういう体験は、これまでにしたことがありません。だから、もう一度行きたいと思うのかもしれませんね」

一人暮らしをしているPにとって、自宅を訪問してくれたOをはじめとする三人の学生は、かけがいのない存在だったに違いない。言い換えると、Oは「Pの話を聞くという役割」に徹することで、Pにとって特別な存在になることができた。この体験をもう一度味わってみたいという欲求が、Oを「Pさんに会いたい」という気持ちにさせているのではないか。

日本キャリア教育学会会長を務める、早稲田大学大学院教職研究科教授の三村隆男によると、自分のキャリアを考えることは、自分が社会でどのような役割を果たすかを考えることだという。

Pの話を聞くという役割に徹したOの体験は、まさに、自らキャリアを考えるために重要な体験だったのだ。そしてこの体験のきっかけをつくったのが、社会連携推進室実施のプログラム『踏み出す』と『つながる』だ。

「大学2年生の頃は、企業で働くことに意義が見出せずにいました。『就職することは組織に没頭すること』と考えていたんです。でも、それは自分の偏見ではないかと思うようになって。実際に就職して働いてみないと、ほんとうのことはわかりませんから。ちょうど今、インターン先を探しているところです」

大企業以外に就職する選択肢が見えてきた

Ｏと同様、２０１６年春の『つながる』に参加した男子学生Ｑも、自分の進路を考える上で貴重な体験をした。

Ｑが参加したのは、島根県雲南市にある奥出雲葡萄園で働く齋藤聡に会いに行くプログラムだ。Ｑは、プログラムに参加して気づいたことについて、報告書に次のように書いた。

（齋藤さんのおかげで）Ｕターン、Ｉターンの方々からお話を聞けたことが、大きな体験でした。中には首都圏から移住した方もいらっしゃって、首都圏に

島根県奥出雲葡萄園の齋藤聡

しか住んだことがない自分にとっては非常に近い視点で接することができました。そして、モノも人も溢れていて、圧倒的に便利で密集した東京からこのような土地に移り住むことが可能であることに驚きました。

さらにQは、自分と同年齢の若者と話ができたことが刺激になったとふり返る。

葡萄園のワイナリーで働いているアルバイトの人と話をした時に、なぜ、ここで働いているのか、将来は何がしたいのか、過去の自分を分析してどうか等々、私はふわふわとしかもっていないものを語っていました。

自分の周りにふだんそんなしっかりした考えをもった人はなかなかいないので驚きでしたが、自分と同じ年ということを聞いて、さらに驚きでした。

またQは、奥出雲葡萄園の社員の人間関係の良さに感銘を受け、「東京のどの企業で働いても、このような関係は築けないだろう」と思った。そして、「大企業以外で働くという選択肢もあると思えたのは初めてで、大きな収穫になった」と言う。

これから社会に出る大学生にとって重要な学びの場を提供しているプログラム『踏み出す』と『つながる』は、職員の手によって開発され、実施されている。それは、どのようなプログラムなのだろう？　まずは、このプログラムを開発し、これまで実施してきた社会連携推進室について見ていきたいと思う。

この章で起こった「結果」と「成果」

▼主要な登場人物……学生O、小林恭介、大沼暁、独居老人P、齋藤聡、学生Q
▼現場…………………学内、新島村、山陰地方、奥出雲
▼起こったこと………「悩んでいてもいいんだ」と気づいたOは、山陰地方でフィールドワークを行うサークルに参加して新たな出会いを経験した。

2章 マクロな組織内でのミクロな改革

（準備段階）

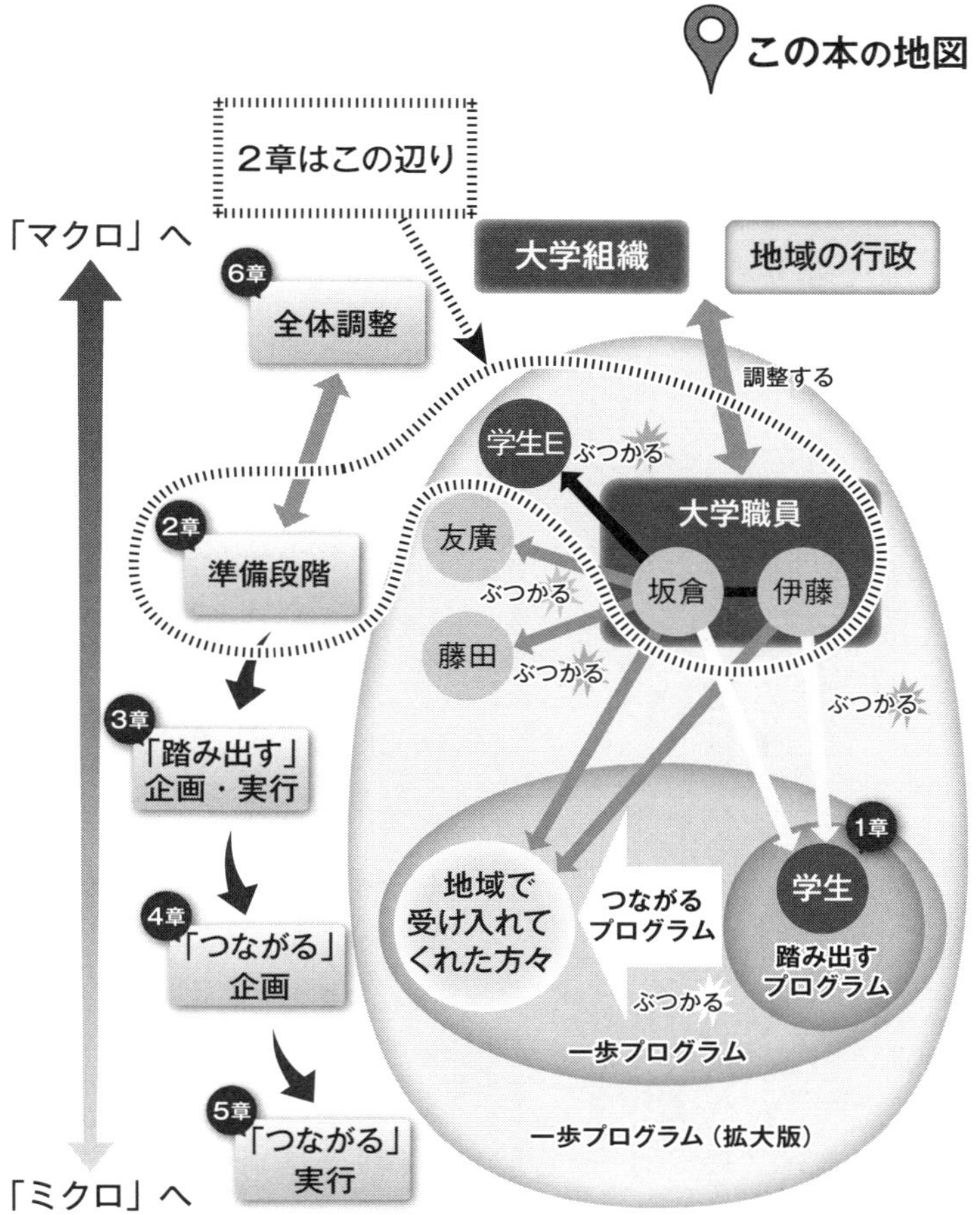

社会連携推進室誕生の背景

社会連携推進室の前身は1996年に発足した「学外連携推進室」である。学外との連携を通して組織がめざしたのは、文部省（当時）以外から補助金を獲得することや、研究費を獲得しにくい文系教員をサポートすることだった。しかしさまざまな案件に対応していくうちに、研究関連と教育関連の案件で担当部署を分けるべきだという声が強くなった。これを受け、2002年に「産学官研究推進センター」と「教育連携事業開発室」に分割された。後者の教育連携事業開発室は、教育関連の案件を担当することで、大学がもつ〝知〟という資産を社会とつなぎ、win-winの関係で新たな価値を生み出し、事業化を進めていくことをめざすことになったのだ。その4年後の2006年には、組織名を現在の「社会連携推進室」に変更。社会との連携を推進することに重点が置かれることになった。

その背景には、大学に求められる役割の変化があった。2005年1月の中央教育審議会の答申「我が国の高等教育の将来像」では、「大学に期待される役割も変化しつつあり、現在においては、大学の社会貢献（地域社会・経済社会・国際社会等、広い意味での社会全体の発展への寄与）の重要性が強調されるようになってきている」とし、従来の教育や研究を通した社会貢献だけでなく、国際協力、公開講座や産学官連携などの直接的な貢献も求められていると指摘。このような直接的な貢献をすることを、今後は、教育、研究と並ぶ大学の「第三の使命」と捉えていくべきだと提言している。

社会連携推進室の歩み

1996年　学外連携推進室を教務部内に設置

2002年　「産学官研究推進センター（研究推進部）」と「教育連携事業開発室（教務部）」に分割

2006年　後者の組織名を「社会連携推進室」に変更

2013年　職員主体の新プログラムの開発に着手

2014年　IPPO（一歩）完成

この答申を受け、2007年に学校教育法が改正され、大学に関する規定が修正された。これにより大学は、従来の教育と研究だけでなく、「（教育研究活動の）成果を広く社会に提供することにより、社会の発展に寄与する」という新たな使命を果たすことになった。こうした大転換の前年に、「教育連携事業開発室」は「社会連携推進室」に改名されたのだ。

社会連携推進室の初期の連携先は、主に自治体と企業だった。

自治体との連携では2006年に、早稲田大学の創立者である大隈重信の出身地である佐賀県と連携協働に関する包括協定を締結。社会連携推進室が窓口となり、現在でも人材交流、教育交流などが継続している。

2008年には奈良県との包括協定が締結され、これをきっかけに翌年から複数の研究プロジェクトが始動した。目的は、大学の知的財産の活用によってさまざまな県政課題を解決することで、「美術品の調査・

研究」「まちづくりの推進」「奈良の観光素材調査」などの研究がスタートした。それぞれのプロジェクトは、各テーマに関して研究を行っている教員と学生が、奈良県の行政担当者やNPOの協力を得ながら進める形で行われた。プロジェクトを進めるにあたり、早稲田側の窓口となった社会連携推進室の役割は、まず奈良県の担当者と話し合いを重ねながら研究テーマを明確にすることだった。その上で、学内のどの教員に研究を依頼するかを決定した。通常、大学における社会連携の窓口となる組織のトップには教員が就いていることが多い。一方、早稲田の社会連携推進室の室長は職員が担当している。そのため、一教員の専門性（得意分野）に影響されない幅広いテーマに対応できるし、フラットな目で総合的な視点から人選をすることが可能なのだ。プロジェクトの担当教員が決まった後は、社会連携推進室はプロジェクトの進行管理、予算管理、報告書の制作などの役割を担った。

これ以外にも協定を締結した新宿区、墨田区、中野区、西東京市、所沢市、川口市、本庄市などと連携しながら、行政と力を合わせてプロジェクトを進める上でのノウハウを蓄積していった。

社会への貢献と同時に学生の育成もめざす

次第に社会連携推進室には、自治体だけでなく企業からも多くの案件が持ち込まれるようになった。２００７年の学校教育法改正によって、大学は、教育研究活動の成果を広く社会に提供することが求められるようになった。しかしその一方で、主に学生の授業料によって運営されている私立大学にとって、社会と連携する際に、同時に学生にとってもメリットがある状態をめざす必要があった。言い換えると学外の人材を育成するだけでなく、学生の育成にもつながるプログラムを企画・開発し、運用していく必要があったのだ。

その一例が、2010年からりそな総合研究所株式会社（以下「りそな総研」と略）と協働連携して行われた異文化交流セミナーだ。参加者は、早稲田大学で学ぶ外国人留学生と、りそな総研会員企業の経営者等である。

りそな総研は、中小企業を中心とした企業経営者向けのコンサルティング、経営相談、研修・人材育成などのサービスを提供している。同社は、海外展開や外国人材の採用を迫られている会員企業に対して、文化や考え方の違いを知る機会を提供したいと考えていた。

一方、早稲田大学は、グローバルリーダーの育成をめざし、そのための環境作りの一環として、現在約4千名いる外国人学生（留学生）の数を1万人に増やす計画を掲げている。計画を実現するには、留学生が日本についてより深く学べる機会を増やす必要がある。その一つとして、りそな総研会員企業の経営者との交流は意味があるのではないかと考えた。

1年目のプログラムは、企業人と留学生のディスカッションが中心だった。一般的には、企業人と留学生が対面すると「教える側」と「学ぶ側」という関係になることが多い。一方、このプログラムでは、そのような関係になることを避けるために、フラットな関係が生まれる工夫を行った（具体的な方法は3章で説明）。理由は、そのような関係が生まれれば、留学生だけでなく企業人も本音で語ることができる。その結果として、より深いレベルでの「異文化交流」が可能になるからだ。

◉留学生の感想

「外国人と日本の企業人とのギャップより、学生と企業人とのギャップをより強く感じた。企業の方は〝その先〟まで考えていて、学ぶべき点だと思った」

「企業の方々の、生の声を聞くことができてよかったです」

◉企業人の感想

「個別の認識ギャップは、こういった場を継続して経験しないと埋められない。そういう意味で大変有意義でした」

「楽しみながら、深くわかり合える点がある一方、そうでない点もあることを確認することができました」

こうした成果を受け、翌年は、企業からの参加者を経営者に特化してプログラムが行われることになった。その準備のため、社会連携推進室内で行われたミーティングでは、留学生と経営者の両者にとって学びがより深くなる場にするための工夫がないか、議論が交わされた。そこで出たアイディアが、「会議室でディスカッションをするだけでなく、学外に出て、中小企業

りそな総合研究所株式会社と協働連携して行われた異文化交流セミナー

の現場を見学する機会もつくったらどうか？」というものだった。

このアイディアの背景には、社会連携推進室が取り組んだ自治体との連携によるプログラム運営の経験があった。社会連携推進室は、2008年から5年間、中野区との連携で、区内の中小企業経営者を対象とした「次世代リーダー育成塾」を行っていた。このプログラムには、墨田区の工場見学が組みこまれていた。中野区の経営者が、墨田区内の工場を訪問して、工場見学をしながら、経営者の話を聞く。現場で語られる言葉から、また実際に現場を見る経験を通して中野区の経営者は多くの気づきを得た。さらに、墨田区までの移動の最中、経営者同士の会話が弾み、お互いの距離が縮まるという効果も生まれた。

このような経験があったことから、りそな総研の2年目のプログラムには、企業の工場見学が追加された。実際のプログラムは次の通りである。

1 経営者と留学生で、テーマをもとに用意されたケーススタディについてディスカッションを行う
2 テーマに関連する企業を訪問して見学。社長や幹部社員から話を聞く
3 現場で聞いた話の内容を踏まえ、再度、経営者と留学生でディスカッションを行う

参加した経営者からは「企業人としてだけでなく、個人としても大変有意義でした。留学生の皆さんの目線を理解することで様々な気付きを得ることができました」という感想があった。一方、参加した留学生からは、「ケーススタディでは、ほかの専攻の学生からいろいろな観点の話を聞くことができた。また、社会人から、理論的な考え方だけでなく、実際的な意見をもらえたのはとてもよかった」「企業人との話がすごく役に立ちました。違う視点から考える機会になってよかったです」といった感想があった。まさに両者にとって学びの機会になったといえる。

また社会連携推進室にとっても、りそな総研のスタッフと協働でプロジェクトの企画運営、学生のサポートを行うことは貴重な機会だった。たとえばケースの作成に関わることで、「時間内に読み切れる文章量にする」「一つのケースで学ぶ視点は、できるだけ的を絞る」などのノ

ウハウを学んだという。また、留学生が理解できる内容を想定してケースを作り、ディスカッションの様子を見ながら、理解が難しかった部分は修正するというプロセスも経験した。さらに、経営者と留学生が一つのテーマに関してディスカッションを行うことの意味も明確になった。新たな論点が抽出されることで議論が深まるだけでなく、経営者と留学生の両者が、お互いの考え方や価値観をより深く理解できることが明らかになったのだ。

学んだのは〝探り合い〟の大切さ

このような経験を通して、社会連携推進室のメンバーは、社会との連携は学生の育成にとっても大きな意味があると実感するようになった。そして、自治体や企業から持ち込まれる案件について、以前にも増して、「学生の育成につながるか？」という視点から検討を加え、できる限りその成果が出る形を探るようになっていった。

その一例が、自動車メーカーA社の事例である。

2013年3月、A社から「早稲田の学生に車の魅力を伝えるための社長講演会ができないか？」という打診があった。当時、社会連携推進室のスタッフとしてこの案件を担当した伊藤岳は次のように語る。

「社会連携推進室の中で、この提案を受けることが学生にとってどんな意味があるのかについて議論をしました。その結果、単に社長の話を聞くだけでは、学生が学ぶ場にすることは難しいだろうという結論になりました。A社の担当者には、学生の学びの機会がない形のままでは、協力するのは難しいと回答しました」。

商品の魅力を知ってもらうことで、新たな購買者を少しでも増やしたいと考えるA社と、連携を通して学生の学びの機会をつくりたいと考える社会連携推進室の間には、大きな隔たりがあった。

「だからといって、『このようなプログラムでは協力できません』とお伝えしたわけではありません。また、大手製造メーカーの社長にご協力いただけるケースは前例がなかったので、『ぜひ、この形で』とお願いをしたわけでもありません。まずは、お互いが考えていることや、お互いの想い、めざしていることをすりあわせることから始めました」

このプロセスで、伊藤は「早稲田の学生が、御社の社長のお話を1回聞いただけで『車を買おう！』と考えるようになることを期待するのは、無理があると思います」と伝えた。それに対してA社の担当からは、「学生さんの学びの場にしたいという想いはよくわかりました。でも、実際にどんなプログラムにすればいいかイメージがわきません」という意見があった。そこで伊藤は、相手の反応を探るために次の三つの案を提示した。

1 社長講演会のみを行う

2 講演会の前に、学生のワークショップを3回程度行う。その成果発表会と社長講演会を一緒に行う

③ 講演会の企画から学生に考えさせる

選択肢ができたことで、A社でも具体的な検討を進めやすくなったのだろう。A社の担当者から戻ってきたのは、2の案であれば、検討の余地があるという返答だった。

「その後の打ち合わせには、もともとの総務部の担当者だけでなく、新たに人事部の方も参加してくれることになりました。

そこで、『事前に行うワークショップに、御社の中堅社員の方にも参加していただくことはできないでしょうか？』と打診しました。その方が、ワークショップに参加した学生も本気で取り組むでしょうし、『ふだん社内で若手をまとめる役割を果たしている社員の皆さんにとっても、学生と一緒にワークを行うことは貴重な体験になるのではないでしょうか？』とこちらの考えを伝えました」

伊藤の提案は受け入れられ、プログラムの概略は決まった。その後は、ワークショップのテーマや、進め方、運営方法など詳しい打ち合わせが重ねられた。

「3月にA社から連絡が入ってから、プログラムが終了するまで、打ち合わせを20回近く行いました。そのほかにも電話やメールのやりとりは数え切れません。改めてふり返ってみると、お互いにとって〝探り合い〟のプロセスだったような気がします。〝探り合い〟をすることで、A社の考えていることが見えてきたし、こちらの考えも理解してくださったのだと思います」

では、このような〝探り合い〟を体験することは、伊藤にとってどのような意味があったのだろうか？

「とにかく、先方と打ち合わせをすることが楽しかったですね。打ち合わせをしたからといって、完璧にわかり合えるわけではありません。でも、『この部分はわかってもらえるんだ』という感じで、少しずつすりあう部分が増えてくる。『こういうプロセスを経て、少しずつわかり合えるようになっていくんだな』とわかったことが、自分にとって一番の収穫だったと思います」

CMをつくる目的とは

〝探り合い〟のプロセスを経て、社長講演会の前に行われるワークショップの概要が決まった。テーマは、「あなたにとって、クルマって何ですか？　必要なものですか？　これからのクルマの魅力や利用環境について、考えてみませんか」。このテーマに興味がある学生を公募によって20人集める。集まった学生とA社の若手社員10人を四つのグループに分け、3回のワークショップを行う。ワークショップの課題は、まず自分がクルマに対してどんな思いをもっているかを探ること。その上で、その思いを特定のターゲットに伝えるためのCMを制作することに決まった。

ワークショップの最終日に行われた発表会では、各学生が宿題としてつくってきたCM案を発表することになっていた。その直前に、ワークショップの進行を担当した、A社人材開発部門のB氏から次のような話があった。

「このワークショップの目的は、きれいな映像やすばらしい動画をつくることではなくて、皆さんの思いをターゲットとする人にどれだけ伝えられるか、どれだけ思いがこもったCMをつくることができるかでした。これから見る映像は、でき映えよりも、思いがどれだけ反映されているか？　どれだけ思いが込められているか？　そこを中心に見てください」

実は、B氏のこの発言には背景があったのだ。

この日のワークショップの休憩時間、伊藤はワークショップに参加した男子学生Cから「宿題をやってこなかった」という話を聞いた。伊藤は、その理由を尋ねた。

「CMをつくる目的がわからなくなったんです。ワークショップの目的は、『自分にとってのクルマって何？』を掘り下げることですよね。でもクルマのCMは、クルマを売ることが目的だと思うんです」

「たしかに、普通のCMの目的は売ることだよね。でもこのワークショップでやりたいことは、C君が言ってくれたように、自分にとってのクルマとは何かを掘り下げることなんだ。その思いをCMという形式を使って、特定の人に伝えるメッセージをつくることが目的なんですよ」と伊藤は答えた。

「そうでしたよね。でも、『自分の思いを、たとえばお父さんに伝えるための映像をつくっても、それってCMじゃないよな』と考えているうちに、何をつくればいいのか、わからなくなっちゃったんです」

「なるほど。こちらがＣＭという言葉を使って説明したのが悪かったのかもしれないね。とにかく、このワークショップでは、自分の思いを特定の人に伝えるメッセージを、ＣＭのような形式でつくればいいんだよ。見た人の目を惹くとか、クルマをほしいと思わせるとか、そういう映像をつくることが目的じゃないんだから」

さらに伊藤は、「そういう事情があったのなら、宿題のことは気にしなくていいから」と伝えた上で、

「ぜひ、Ｃ君が考えたことをグループの中で共有してよ。Ｃ君が悩んだことを共有することは、もう一度、このワークショップの目的を考え直すきっかけになると思うから」

このようにＣをフォローした伊藤は、「ほかの学生も混乱している可能性が高い」と考えた。そこでＣの相談内容と自分の考えをＢ氏に説明して、発表会が始まる前に、もう一度ワークショップの目的を確認してもらうことにしたのだ。

さらに伊藤は、発表が終わったところで学生たちに次のように語りかけた。

「このワークショップでめざしたのは、車離れが起きている理由を考えることではありません。なぜ私は車を買わないのか？　なぜあなたは車を買わないのか？　そういう自問をすることで、私にとって、また、あなたにとって車とは何なのか？　考えるきっかけにしてほしかったんです。

そのプロセスで、グループのメンバーの感性がそれぞれ違うということに気づき、違いを認めるきっかけになればと思っています」

仮に、若者の間で車離れが起きている理由を考えることをめざした場合、社会で起きていることに興味をもち、ふだんから情報を集め自分なりに考えている学生が発言して、ほかの学生は黙って話を聞いているという状態になるだろう。一方、「自分にとって車とは何か?」という課題であれば、グループのすべての学生が発言することが可能になる。それは同時に、「それぞれ思っていることが違うんだ」と気づき、そうした違いを認めるというチャンスになるのだ。

このようにワークショップの最後に、再度ねらいを明確にすることで、学生の気づきや学びはより深まっていく。実際に参加した学生は、

◉ CMをつくることが課題だったので、『この車をアピールする方法を考えろ』と言われると思っていました。でも実際には、伝えたいメッセージを考えるところから入っていきました。そういう考え方もあるんだなと思いました。

◉ 学校では一般論を学ぶことが多いと思います。このワークショップに参加することで、人の思いという視点から物事を見ることが大切だと実感しました。

また、学生と一緒にワークショップに参加したA社の若手社員からは、次のような意見があった。

◉友達同士で意見をぶつけることはあるけど、それって結局同じ仲間の中での話だから。そうじゃない人が集まって意見交換したり、僕のように世代が違う人が集まって意見を交換できるチャンスがあったのは貴重だったと思います。

こうしてワークショップは終了した。その成果は、社長講演会の前半で発表された。壇上に上がった各グループのメンバーが、CMのコンセプトについて説明。実際にCMを上映した。後半の講演会では、A社の社長は自身の話に入る前に、「いずれも、非常におもしろいCMでした。我々も、もう一度、人と車の関わりについて見直してみなくてはいけないのではと思いました」と感想を述べた。

その話を聞いた参加者の学生は、特定の人に向けてのメッセージは、実は、それ以外の人の心を動かす力があることを実感したのではないだろうか。

職員だけで実施したことが評価された

プログラムはA社内で評価され、翌年も実施されることが決定した。また、プログラムの終了後にA社主催で懇親会が行われ、参加した中堅社員と学生だけでなく、A社の担当者と社会連携推進室のメンバーも参加した。ちなみに、翌年のプログラム終了後に行われた懇親会にはA社の社長も参加し、学生一人ひとりと握手を交わして、記念の品を渡した。

プログラムは、大学内でも評価された。２０１３年の秋に行われた教務部集中討議（年に2度実施、教務部の各部門の活動内容と今後の方針を確認する）では、教員が関わらず、職員だけで教育的な効果があるプログラムが実施された点が高く評価された。同様に、りそな総研との連携事業も高く評価された。

さらに社会連携推進室の今後の役割についても話し合いが行われ、「新しい教育事業をつくる商品開発部門として、プログラムに参加する人数は少なくても、社会から〝べた褒め〟されるようなプログラムをしばらく続けてもよいのでは」という意見が出た。合わせて、失敗を恐れず、新しいことに挑戦し続ける組織であるようにという意見も出た。

新たな教育プログラムを開発するという「商品開発部門」の役割は、早速、２０１４年春の新入職員研修で発揮された。伊藤が講師となり、自身が制作したケーススタディを使って新入職員向けの研修を実施した。ケーススタディは、A社との連携事業を形にしていったプロセスを元に伊藤が制作したもので、新入職員として仕事を進める上で大切な点を学びながら、最終的には「学生の教育効果」を念頭にプロジェクトを進めるために必要な視点を学べる内容になっていた。

新入職員研修では、各組織の代表が仕事内容を説明するための時間がとられている。社会連携推進室は、ケースを通して同室の仕事を理解してもらうと同時に、新入職員の教育にも役立つ内容をめざした。このねらいが評価されて、通常は30分の持ち時間が60分に延長された。さらに2015年の新入職員研修では150分間に延長されて実施された。

この研修については、特に既卒採用の職員からの評価が高かったという。既卒採用の職員は、前職の経験を踏まえ、「教育に携わることができる仕事に就きたい」という思いから入職したはずだ。その思いを実現するために大切な視点を学べたことが、評価につながったのではないかと考えられる。

学生の本音から明らかになった想定外のニーズ

社会連携推進室の存在意義が学内で認知され、「商品開発部門」という役割も明確になった一方で、当時、課長だった坂倉みどりの心の中には、A社のプログラムに関して一つの疑問があった。

「学内には、社会との関わりを通して学ぶ機会はほかにもあります。通年を通して学び、科目化されているプログラムもあるんです。それなのに、A社のプログラムのように単位にもならず、3回で終了するプログラムに、なぜ参加する学生がいるんだろうと。

しかも参加した学生は、A社のご担当者から『積極的で優秀な学生さんが多かったですね』と評価していただいたほどです。それだけ能力があるのに、もっとハードルが高いプログラムに挑戦しないのはなぜだろう？　と考えたんです」

坂倉が言う「社会との関わりを通して学ぶ機会」を提供している組織の一つが「平山郁夫記

学内にある社会との関わりを通して学べる機会の一例

1. 平山郁夫記念ボランティアセンター

通称「WAVOC（ワボック）」。2002 年に設立。学生のボランティア活動を通して、社会貢献活動を推進することが目的。

2. プロフェッショナルズ・ワークショップ・プログラム

略称「プロプロ」。夏休みを中心とした数か月間、企業や自治体が抱える問題について、企業人や公務員（プロフェッショナルズ）などと共に取り組み、解決策を提案する。

念ボランティアセンター（通称：ＷＡＶＯＣ［ワボック］）」である。ＷＡＶＯＣは、学生のボランティア活動を通して、社会貢献活動を推進することをめざし２００２年に設立された。ここでのプログラムのポイントは、単に学生にボランティア活動の機会を提供・仲介するだけでなく、社会的課題への意識を高めるため、科目化などを行っていることだ。参加する学生にとっては、実践を通して「問題を社会の仕組みの中に位置づける力」や「企画・立案・運営する力」を伸ばすことができる。

また「プロフェッショナルズ・ワークショップ・プログラム（略称：プロプロ）」も「社会との関わりを通して学ぶ機会」の一つである。プロプロは、夏休みを中心とした数か月間、企業や自治体が抱える問題について、企業人や公務員（プロフェッショナルズ）などと共に取り組み、解決策を提案するプログラムである。

「（これらのプログラムに）参加した学生に直接話を聞いてみると、『地域に出たいという気持ちはあるけど、通年のプログラムに参加すると、どっぷりはまって抜け出せなくなりそうな気がする』『1年間制約されて、それで、どんな学びが得られるかわからない』といった声がありました。

卒業後の進路が明確な学生は、WAVOCやプロプロなどのプログラムが魅力的だと感じるのだと思います。でも進路が不明確な学生は、たとえば『自分が本気になって取り組めることを見つけるためにも、いろいろな経験をしてみたい』と考えている。そういう学生にとっては、短期間のプログラムに魅力があるとわかったんです」

坂倉は、自身の疑問を解いていく過程で、A社との連携事業が、想定していなかった学生のニーズに応えている可能性があることに気づいた。このような新たな気づきを得られたのは、坂倉が学生から生の声を聞くことができたからだ。では坂倉は、どのようにしてそれらを聞くことができたのだろう。

「一番の機会は、プログラム終了後の懇親会です。疑問に思っていることをストレートにぶつけてみるんです。『なんで通年のプログラムではなくて、短期間のプログラムに参加したの？』という感じで。こちらが思ったことをストレートにぶつけると、学生から本音に近い話を聞けることが多いと感じます。

プログラムが終わって、学生は開放的な気持ちになっていることもありますが、私たちがプログラムにスタッフとして参加していることも大きいと思います。学生にとって、単なる『職員さん』ではなくて、『○○さん』と名前がわかる関係になっていることが大きいんでしょうね」

すでに紹介したように、伊藤もワークショップの最終回に、Cから相談を受けた。社会連携推進室のメンバーは、ワークショップなどで学生と関わる際には、できる限りフラットな関係を築くことができるように工夫している（3章で説明）。それはワークショップの教育的効果をあげるための工夫であるが、同時に、学生の生の声を聞く機会を増やすことにもつながっている。言い換えると、さらなる「商品開発」を進めるための基礎にもなっているのだ。

学生の教育にシフトして、サークルの学生の支援を行う

２０１０年にスタートした、りそな総研との連携事業は、社会連携推進室の職員だけで行われた。その結果、社会貢献と同時に、学生に教育の場を提供できることも明らかになった。そこで社会連携推進室では、職員だけで進められる新たな連携の形をさらに探り始めた。目をつけたのが学生団体やサークルの存在だった。

学内では、社会的な問題意識をもつ学生が学生団体やサークルを結成して、人道支援や地域貢献、ソーシャルビジネスなどの活動を行っていた。しかし学生には、資金不足や新しい活動

のフィールドを探すことができないという課題があった。

一方、社会連携推進室には、自治体や企業から、さまざまな課題解決に力を貸してほしいという依頼が入っていた。このような学外のニーズにマッチした活動を行っている学生団体やサークルを選出し、お互いをつなぐことができれば、社会貢献と同時に、学生に学びの場を提供できると考えたのだ。しかも、これまでにある程度実績を出している学生団体やサークルであれば、職員のサポートだけでプロジェクトが進むはずだと考えた。

当初、社会連携推進室はできる限り手を出さず、学生の自主性に任せる方針だった。ところが実際に複数のプロジェクトがスタートすると、そのうちいくつかのプロジェクトで活動が停滞するという事態が起こった。そこで、学外の資金でスタートしたプロジェクトの進行が滞っている状況に、何がネックになっているのかを探るためのヒアリングを開始した。

「リーダーの学生に話を聞いてみると、各メンバーの取り組み姿勢には温度差があって、その差をどう埋めるかで苦労していることがわかりました。でも、それよりも問題だったのは、『なんとしてもプロジェクトを形にする』という責任感が希薄だったことです。『これまでの活動が評価されたのだから、自分たちのペースで活動を進めていけばいい』という甘えがあるのではないかと感じました」

当時の状況をそのようにふり返る坂倉は、状況をどう打開すればよいか悩んだ。連携先から提供されているのは活動に必要な経費のみで、学生から見れば、対価が発生しない「ボランティア活動」である。また、活動によって単位が与えられるわけでもない。彼らのモチベーションになっているのは、困っている人の役に立ちたい、社会をよくする活動をしたいという思いと、この活動を通して自身が成長したいという思いなのだ。

こうした思いは、プロジェクトがスタートした直後は、活動の推進力になっていた。ところが、活動が進むにつれて生じてきた、さまざまな課題を乗り越える力にはならなかったのだ。

なぜ、学生が地域に通うようになるのか？

この状況を乗り越えるヒントは、思わぬところで見つかった。

それは、プロプロの一環として長野県木島平《きじまだいら》村と２００９年から実施しているプログラムだった。このプログラムは、自治体との連携にノウハウをもっていた社会連携推進室が早稲田側の窓口となり、木島平村と進めてきた。プログラムの目的は、過疎地域の課題をテーマに学生が木島平村の活性化策を提案すること。公募した学生で数名のチームをつくり、事前調査を行った後、木島平村で1週間のフィールドワークを行う。大学に戻って提案資料の検討・作成を進め、再度、木島平村に足を運び、村長や住民の前で提案を行う。

プログラムの前半で、教育・総合科学学術院の宮口侗廸《としみち》教授から基調講演があるが、それ以外は社会連携推進室のメンバーと木島平村の行政職員の協働で進行する。りそな総研とのプロジェクトと同様、フィールドワークと提案作成のプロセスは教員が関わらず、職員だけで行われているプログラムなのだ。

注目すべき点は、このプログラムに参加した学生が活性化策として提案したものがいくつか実現しているということだ。

さらに2013年にプログラムに参加した学生のうち、木島平村の馬曲《まぐせ》集落でフィールドワークを行ったグループは、「遊び、手伝い、学ぶ」をテーマにしたサークルの立ち上げを提案した。目的は、「馬曲と学生の関係をひと夏だけで終わらせることなく、継続的に関係を結ぶ」ことだった。関係が切れることがなければ、結果として村の活性化にもつながると考えたのだ。その後、学生サークル「わせだいら」をつくり、メンバーは運動会や夏祭り、雪かきなど、折あるごとに村を訪れた。こうした活動が評価され、「わせだいら」は木島平村から村認定サークルの称号を与えられ、村から支援を得ながら活動を続けている。

なぜ、このような状況が生まれたのか？　坂倉は疑問に思った。

「木島平村に通っている学生の多くが、サークル活動に熱心で、友人もたくさんいます。充実した大学生活を送っているように見える学生が、なぜプログラムが終わった後も木島平村に行くのか？　それも、遊びで行くのではなくて、村のためになる活動をするために通うのはなぜか？　疑問に思っていました。

学生に直接話を聞いてみると、『また来てくれたら嬉しいよ』『顔を見せに来てね』と言われたことや、村を再訪したときに『よく来たね○○君と言われ喜んでくれるから』といった意見が多くて。地域活性化の提案を形にすることよりも、もう一度村の方に会うことの方が学生にとって魅力になっていたんです」

2013年に「わせだいら」の立ち上げを提案した学生たちも、フィールドワークを行った馬曲集落の価値として「人の温かさ」を第一にあげた。さらに地域の人たちが雪かき、草刈り、堰の手入れなどを共同で行っていること、そこには「ええっこ」の精神が今でも生きていることを知り感銘を受けた。「ええっこ」は信州の方言で、「自分ができないことをできる人にやってもらい、自分のできることでお礼をする」という「相互扶助・助け合い」の意味である。

木島平村との連携事業で行われたプログラムの様子

学生たちは、都市住民である自分たちが「ええっこ」の輪に入ることは、地域活性化に役立つだけでなく、自分たちにとっても意味があると考えた。なぜなら「ほかでもない自分が必要とされているという体験」や「自分ができるから物事に関わる体験」ができるからだ。そしてそのような体験をすることが、「自分たちの主観の幅を広げる機会になり、より豊かな『生』につながるのでは」と考えた。

「このような深い気づきが得られたのは、フィールドワークを通して、地域の方と学生の間に一対一の関係が生まれたからだと思います。そのことで、学生の心の中に『○○さんの喜ぶ顔が見たい』という気持ちが芽生えた。それが『しっかり調査しよう』『少しでも役に立つ提案をしよう』というモチベーションになったのだと思います。

地域活性化につながる提案をする準備のプロセスで、地域の方と学生の間に深い関係が生まれたことも大きな成果だったんですね。なにより、そういう関係が生まれたことが、学生が自主的に提案をまとめ、発表するための原動力になっていたんです」

顔が見える関係を構築することが大事な役割

坂倉はこの発見を、活動が停滞している複数の学生サークルのサポートに活かした。該当のサークルのリーダーを呼び、時間をかけてこのプロジェクトの意味を説明した。連携先の担当者が、予算を確保するために企画書をつくり、関係者との調整を行い、会議での説明をするなどの仕事をしてくれたから活動ができること。さらに、プロジェクトをここまで進めるために、すでに多くの人に協力してもらっていること。こうした助力を得られたのは、「学生ならではの視点での提案を期待しているからだよ」と説明した。その上で、「協力してくださった方々

プログラムに参加した学生が自主的に木島平村の祭りに参加

の想いを受け取った上で、今何をすればいいのか？　全員で、もう一度しっかり考えてみて」と投げかけた。

「その後、どのプロジェクトも、少しずつ前に進むようになりました。連携先の方の顔が見えてくると、学生のモチベーションが高まるんですね。だから、その環境をつくることが、社会連携推進室の大事な役割の一つなのだとわかりました」

坂倉は、連携先の担当者に会って進行状況を説明した上で、「学生には、お金を出していただいていることに対する責任を、どうしたら果たせるかを考えるように伝えました。学生が最大限の努力をするように、私たちもサポートいたしますので、もう少しお待ちいただけないでしょうか」と依頼した。

「ありがたいことに、どのプロジェクトのご担当者も『わかりました』と言ってくれました。完成した提案は、先方が期待していたレベルに達したとは言えない内容でしたが、学生たちに『ありがとうございました』と声をかけていただきもしました」

終了後、坂倉は、あるプロジェクトに関わったサークル代表である女子学生Dと話をした。Dは、現地調査に協力してくれた地域の人に対しては、「皆さん温かい方ばかりで感動した」と感じていた。「でも、このプロジェクトには、これ以上関わりたくない」と本音をもらした。理由を尋ねると、「自治体の担当者は、最後まで私を名前で呼んでくれませんでした。ずっと〝学生さん〟だったんです」という答えだった。

「彼女の話を聞いている私も、つらかったです。地域の方と学生をつなぐ役割を果たせていなかったわけですから。先方のご担当者は、学生の提案を最後まで待ってくださいました。また、学生ができる限りの努力をしたことを評価してくれました。学生の教育的な効果も最大限配慮してくださったんです。それにもかかわらず、彼女にとっては後味が悪い体験になってしまいました」

坂倉は、二度と同じことを繰り返さないためにも、学生に対して「先方が、どんな準備をしているのか？　また、何を期待しているか？」を伝えること、地域の人と学生の関係が深まる環境づくりに徹することを心に誓った。同時に、この事例と坂倉の考えを社会連携推進室のメンバーと共有した。

必要なのは、一歩踏み出せない学生のサポートでは？

既存の学生団体やサークルに、社会との連携を通して新たな活動の場を提供することは、すでに自主的な活動を始めている学生をさらに引き上げるためのサポートである。しかし学内には、自ら動き出すことができずにいる学生も存在する。そうした学生のサポートも必要ではないかという議論が社会連携推進室の中で起こった。きっかけは女子学生Ｅの言葉だった。

「入学してしばらくした頃、周りの学生がキラキラしているように見えてきて、『ああ、自分には何もないな』と思い始めたんです」

Ｅは、２０１１年に実施された墨田区の食育推進計画策定のワークショップに参加した。墨田区と早稲田大学は２００２年に「産学官連携に関する協定」を結び、産業振興分野だけでなく文化の育成・発展、人材育成、まちづくりなどの面で連携を深めてきた。そのつながりから、社会連携推進室が墨田区食育推進計画策定を支援することが決まり、住民と学生が参加するワークショップの実施をサポートすることになったのだ。

早稲田大学に入学したＥは、高校時代と全く違う環境にとまどった。Ｅは、高校時代はバスケットボール部に所属していた。仲間とお互いに励まし合いながら厳しい練習を積み重ね、県大会で上位入賞を果たした。これは同部創立以来最高の成績だった。しかし、大学に進学すると、インターハイ出場の経験をもつ学生が数多くいた。Ｅは、「県大会上位入賞」という思い出が色あせていくのを感じた。

さらに、この人と友達になりたいと思うような出会いがあっても、数万人の学生が学ぶ広いキャンパス内では、アポイントをとらない限り会うことさえままならない。次第にEは、周りの学生が「キラキラと輝いている」と感じ、「それに比べて、自分には何もない」と思うようになっていった。

この状況を変えたいと考えたEは、墨田区のワークショップに参加した。思い切って一歩踏み出したことが、彼女を変えるきっかけになった。当時のことをEは次のようにふり返る。

「ワークショップは、グループワークを中心に行われました。私のグループには墨田区に住んでいるおばちゃんや、区役所の人などいろんな人が参加していました。皆さんとディスカッションをすると、一学生にすぎない私の意見を、しっかり聞いてくれるんです。ディスカッションの合間には、『お菓子をもってきたけれど、食べない？』と勧めてくれたり、『Eさんは、どんな食べ物が好きなの？』とか『どんな色の服が好きなの？』と気軽に話しかけてくれたりしました」

この経験は、それまでEが大学内で経験した人間関係とは違っていた。

「大学内では、初対面のときに『何学部なの？』とか『何年生なの？』と聞かれることが多いんです。ほかにも『どのサークルに入っているの？』とか『どんな活動をしているの？』という感じで。ところが墨田の人たちは、私が考えていることや感じていることを引き出してくれました。私という人間に興味があるという感じなんです」
その後、Ｅは地域活性化について実践を通して学ぶサークルに入り、何度も地域に通った。その原点が、「自分に興味をもってくれる人」との出会いを通して、「私という人間を大切にしてくれている」と実感できた体験にあったのだ。

仮説の正しさをヒアリングと文献の調査などで検証

Ｅの話を聞いた坂倉は、社会連携推進室が次に開発すべきプログラムのイメージが明確になったという。

「Ｅさんは、周りの学生がキラキラ輝いて見える一方で、自分には何もないと感じ、『何か誇れるものを見つけなければ』と焦っていました。そんな彼女が、グループの中で特別な貢献をしたわけでもないのに、グループの一員として温かく受け入れられたことは、彼女にとって『私は必要とされている』と実感できる体験だったと思います。

その後、Ｅさんは自分の意思で地域に足を運ぶようになり、成長していきました。その姿を見守りながら、本人の一歩踏み出す勇気と、その学生を温かく受け入れてくれる方々の存在が大事なことを実感しました。Ｅさんをはじめとした学生たちは、墨田区のプログラムに参加する勇気があった。でも、学内には一歩踏み出す勇気がないために、学びの機会を逃している学生がいるのではないか？　そういう学生が『参加してみようかな？』と思えるプログラムが必要だと考えました。同時に、実際に参加した学生が『自分は受け入れられている』と実感できるプログラムにすることも重要だと」

坂倉は、「周りの学生がキラキラ輝いて見えた」というEの実感が、ほかの学生にも共通しているのかを確認する作業を開始した。直接話を聞ける学生にヒアリングを行い、ネットを検索して同じような記述がないかを調べた。その結果、Eのように感じている大学生は、かなり多いという感触を得た。

さらに関連する調査や文献を調べるうち、坂倉は「社会で活躍できる人材をどのように育成すべきか」をテーマに2010年にスタートした「一般社団法人 Future Skills Project 研究会」の議論に注目した。このプロジェクト研究会で、「日本の学生に必要な力」として重要視されたのが〝主体性〟だった。大学生の主体性の割合を見ていくと、主体性をもって大学を活用している学生が2割、指示されれば動くが自分からは動くことができない「沈黙する学生」が6割、どこにも居場所がなく実態が見えない学生が2割となる。研究会では、すでに主体性を備えている2割の学生ではなく、6割の「沈黙する学生」の主体性を育むことを目標として掲げた。さらに、「沈黙する学生」の心を動かし学生の主体性を引き出すには、「社会に出ることを意識して学ぶ」ための仕組みとメッセージが必要で、そのためには「社会の仕組みや仕事を、自分自身の関心事として捉えられるようなプログラム」「学生に、自信と共に、社会に貢献しようという意欲を養うプログラム」の開発が必要であると指摘している。

「頭の中が整理されました。Eさんをはじめとした一歩踏み出すことができずにいる学生をサポートすることは、『沈黙する学生』の主体性を育てることでもあるんですね。『既存の学生団体やサークルのサポートから、一歩踏み出すことができずにいる学生のサポートに切り換えるべきでは？』という私たちの考えが、間違っていないことがわかりました」(坂倉)

坂倉は、具体的にどのようなプログラムを開発するべきかを明らかにするために調査を続けた。そこで注目したのは、2013年5月に出された教育再生実行会議の第三次提言「これからの大学教育の在り方について」だった。提言は五つの項目で構成されているが、3番目の「学生を鍛え上げ社会に送り出す教育機能を強化する」の具体策として次の記述があった。

大学において、学内だけに閉じた教育活動ではなく、キャリア教育や中長期のインターンシップ、農山漁村も含めた地域におけるフィールドワーク等の体験型授業の充実を通じて社会との接続を意識した教育を強化する。

また、2011年1月の中央教育審議会答申「今後の学校におけるキャリア教育・職業教育の在り方について」は、キャリア教育を充実するためには、「体験的な学習活動の効果的な活用」が重要だと指摘している。

子ども・若者に自らの将来を考えさせるためには、学校内における教育活動だけではなく、具体的に多様な年齢・立場の人や社会や職業にかかわる様々な現場を通して、自己と社会の双方についての多様な気づきや発見を経験させることが効果的である。このように、体験的な学習活動は、キャリア教育を推進する上で極めて重要な取り組みの一つである。

「共通しているのは、キャンパスの外での体験活動を重視している点です。そうした体験を通して、自己と社会について気づきや発見があれば、将来の目標が明確になりますし、今の自分に足りない部分もはっきりしてきます。そうなれば、主体的に学ぶようになるはずです。しかし、仮にそのようなプログラムを大学が提供できたとしても、おそらく『沈黙する学生』は参加しないでしょう。私たちがめざすべきなのは、加えて、どんな学生でも気軽に参加できるようなプログラムを開発することだとわかりました」（坂倉）

大学の中長期計画との整合性は？

早稲田大学では、2012年に中長期計画「Waseda Vision 150」が策定された。この計画も、新たなプログラムの開発の方向性を確認する上で重要な指針になった。

早稲田大学の創立者大隈重信は、1913（大正2）年に「早稲田大学教旨」を宣言した。教

Waseda Vision 150で示された4つのビジョンと核心戦略

ビジョン1

世界に貢献する高い志をもった学生

（基軸）人間力・洞察力を備えたグローバルリーダーの育成

ビジョン2

世界の平和と人類の幸福の実現に貢献する研究

（基軸）未来をイノベートする独創的研究の推進

ビジョン3

グローバルリーダーとして社会を支える卒業生

（基軸）校友・地域との生涯にわたる連携の強化

ビジョン4

アジアのモデルとなる進化する大学

（基軸）進化する大学の仕組みの創設

旨の冒頭には「早稲田大学は学問の独立を全うし学問の活用を効し模範国民を造就することを以て建学の本旨と為す」と書かれている。これを現代の言葉でわかりやすく言い換えると、「自ら考え行動できる能力を養い、人類のために貢献し、地球社会のために生きる人間を育てる」という意味だ。早稲田大学ではこの理念の実現をめざして教育が行われてきた。

しかし、近年、いわゆるグローバル化が世界中で急速に進み、環境、エネルギー、貧困、地域紛争など地球規模の課題が山積し、大学には、次の時代を牽引できる優れた人材の育成が求められるようになった。その一方で、日本経済は予想以上に長く停滞し、日本の大学を取り巻く環境はますます厳しくなっている。こうした状況を踏まえながら、早稲田大学が大学の創立１５０周年を迎える２０３２年に向けたビジョンと、そのビジョン実現の具体策を示したのが「Waseda Vision １５０」である。その中で四つのビジョンが示され、それぞれを実現するために13の核心戦略が提示された。

社会連携推進室では、特にビジョン1の核心戦略である「グローバルリーダーの育成」に寄与するプログラムを開発する必要があると考えた。

早稲田大学が定義したグローバルリーダーとは「地球市民一人ひとりの幸せの実現をリードする能力と意志をもち、地球規模の視点で思考・実行する人材」である。このような人材は、世界を舞台に活躍するだけでなく、グローバルな視点で地域の活性化・まちづくり・文化の発展を進めるリーダーとしても活躍が期待できる。

こうしたグローバルリーダーを育成するには、「人間力、洞察力、コミュニケーション力、創造的構想力、問題発見力、問題解決力、批判的精神、異文化理解力」などの幅広い能力を育成できる場を用意する必要がある。そのためには、キャンパス内で行われる従来の理論的なアプローチだけでは不十分で、キャンパス外での実践的なアプローチも同時に行うことで、グローバルリーダーになるために必要な能力が螺旋状に伸びていくことが、「Waseda Vision １５０」

の中で指摘されている。

このようにして、『沈黙する学生』に、キャンパス外の体験活動を提供する」という方針は、「日本の学生に必要な力」に関する議論、今後の「大学教育の在り方」や「キャリア教育・職業教育の在り方」に関する答申、さらには早稲田大学の中長期計画とも合致していることが明らかになった。こうして、この方針を元に新プログラムの開発がスタートしたのだ。

この章で起こった「結果」と「成果」

▼主要な登場人物……社会連携推進室の坂倉と伊藤、A社の担当者、学生E

▼現場…………………A社とのプログラム、りそな総研との異文化交流プログラム、学内の教務部集中討議、学生団体主体のプロジェクト、木島平村

▼起こったこと………A社のプログラムが教務部集中討議で評価され、社会連携推進室は新たなプロジェクト開発に着手した。学生団体主体のプロジェクト、木島平村でのプロジェクトから一対一の関係性の重要性に気づくと同時に、学生Eとの出会いから「沈黙する学生」向けのプログラムを開発することに決定した。

グローバルリーダー育成概念図

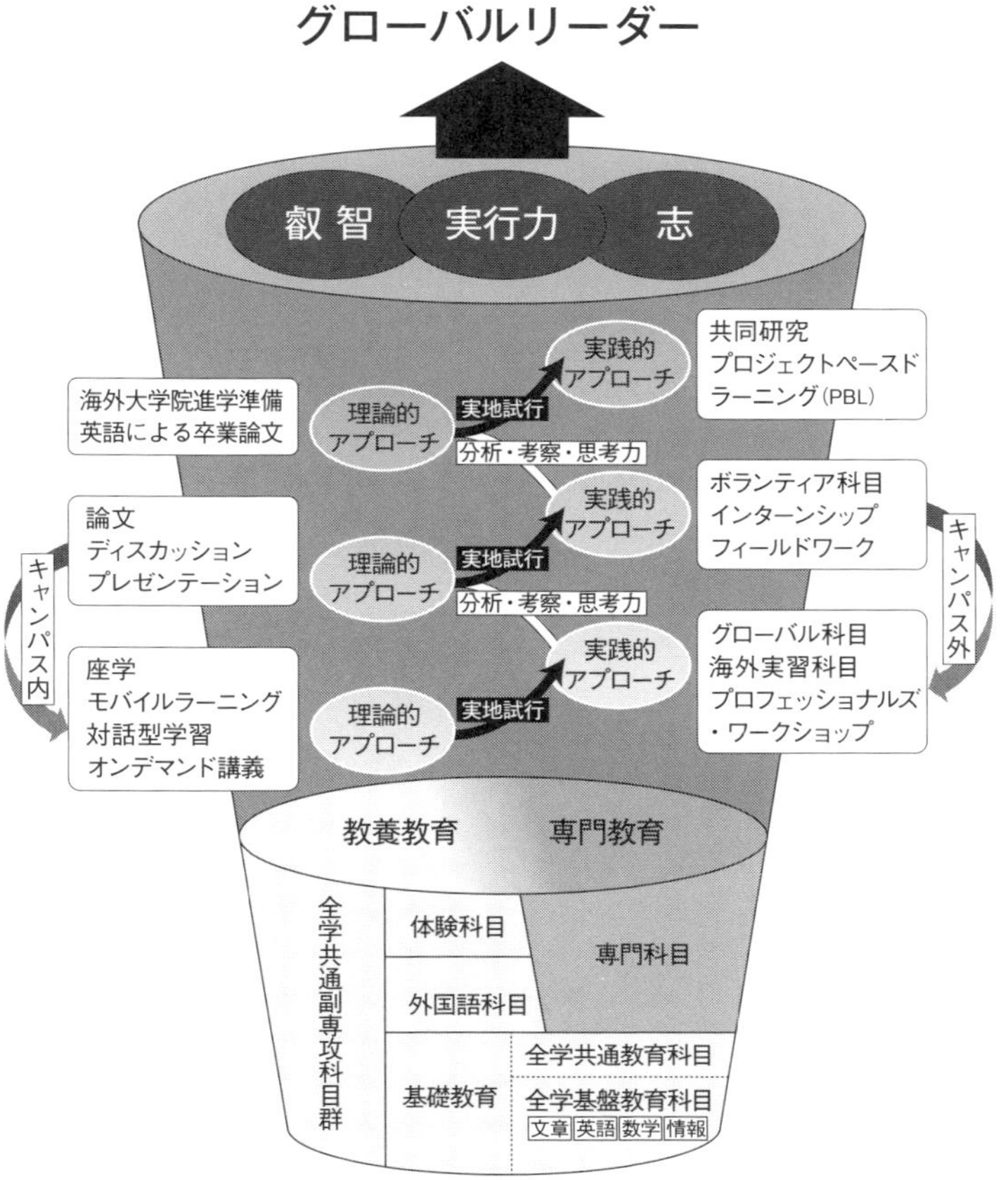

3章 ミクロな新プログラムの誕生

（『踏み出す』企画・実行段階）

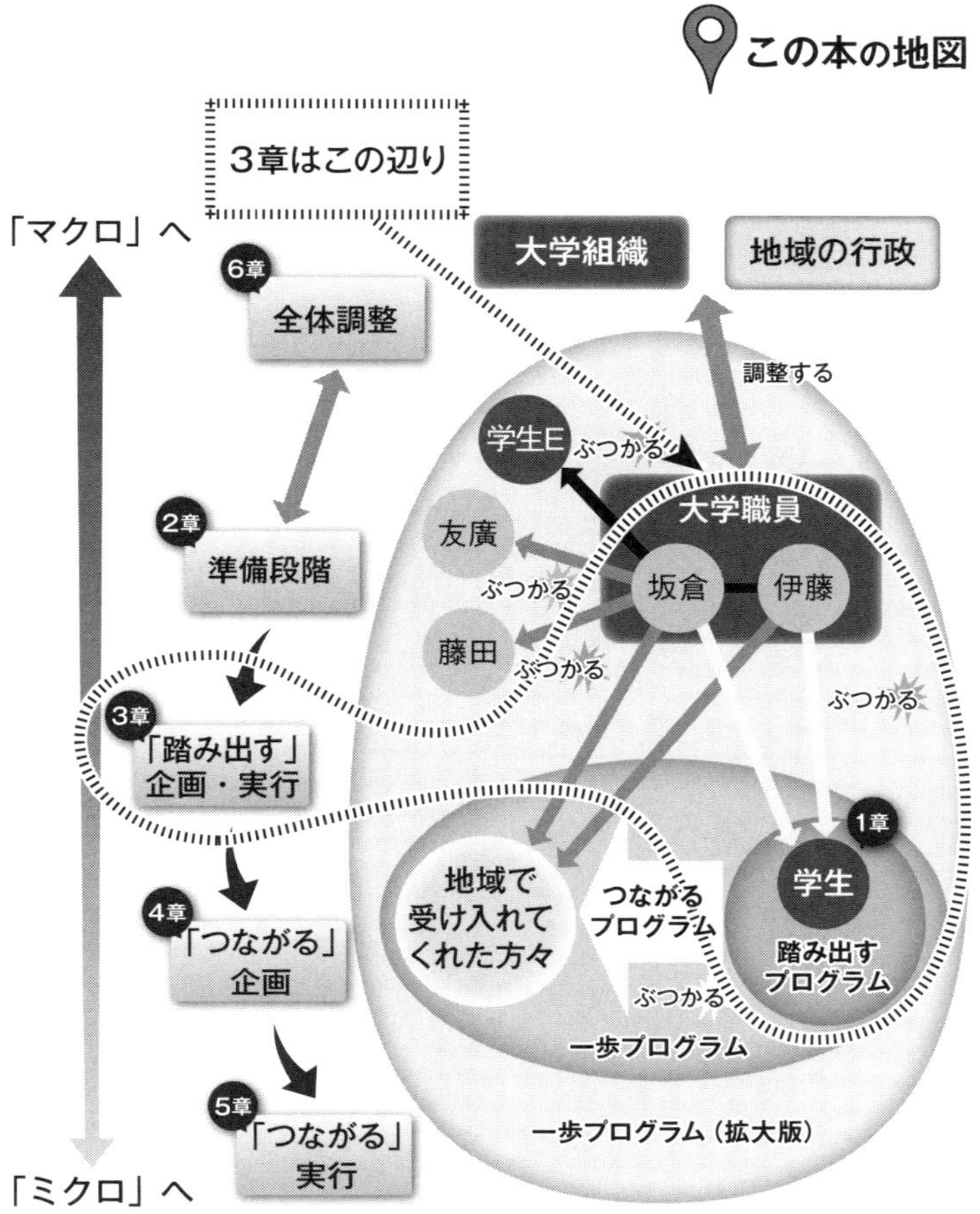

めざすは「職員」が実施するプログラムの開発

りそな総研のプログラムやA社のプログラムは、2013年の秋に行われた教務部集中討議で、教員が関わらず、職員だけで教育的なプログラムが実施された点が高く評価された。これを受けて坂倉は、教員の力を借りず職員だけで実施できるプログラムの開発を進めるべきだと考えた。

「過去の社会連携推進室の取り組みを通して、第一にさまざまな人脈が生まれました。第二に、自治体との連携を通して、行政とのつきあい方や、契約を結ぶ際に検討すべき事項などのノウハウが蓄積しました。第三に、さまざまなプログラムの運営に携わることで学生との関係が生まれ、学生の生の声を聞けるようになりました。これら三つの強みを活かせば、職員だけで回すことができるプログラムを開発することは、十分に可能だと判断しました」

坂倉が、「学生の生の声を聞けること」を強みだと考えたのは、個別の学生が抱えている悩みや、一歩踏み出すことができずにいる理由を知ることができるからだ。

「中央教育審議会の大学教育部会委員を務める桜美林大学篠田道夫教授が書かれた文章の中に、今後大学職員に求められる能力についての記述がありました。『一人の学生が抱えている課題を、どのように組織として取り上げ、多くの学生にどのように提供できるかを考え、それを実行する力が求められている』これを読んだときに、社会連携推進室で取り組むべきことは、まさにこれだと思いました」

プログラム開発四つの方針

新プログラムの開発にあたって、社会連携推進室内で確認された方針は、第一に「沈黙する学生」を主な対象とすること、第二に「沈黙する学生」がキャンパスの外に一歩踏み出すサポートを目的とすることだった。第三は、新しい教育スタイルの開発をめざし、学生が社会と関わることが本人にとって成長のチャンスにもなる仕組をつくることだった。第四は、学内・関連組織と連携を図りながら進めることで、大学としての社会連携の推進にもつなげることだ。

このうち、第二の方針を実現する方法について議論を重ねる過程で、「沈黙する学生がいきなりキャンパスの外に出ることを期待するのは無理がある」という認識が共有された。そこで、キャンパスの外に出るまでを二つのステップに分け、各ステップをサポートするプログラムを開発することになった。

第一のステップは、キャンパスの外に出るための準備段階で、ここでは「入門編」のプログラムを提供する。第二のステップは、キャンパス外で体験活動を行う段階で、「アドバンスド編」だ。入門編に参加した学生が次にアドバンスド編に参加することで、無理なくキャンパス外での体験活動を経験できる。社会連携推進室で二つのプログラムを開発することで、「沈黙する学生」がキャンパス外に出るまでのプロセスをサポートすることにしたのだ。

開発をめざすのは、「一歩踏み出すためのプログラム」であることを明確にするため、二つのプログラムを『一歩』と呼ぶことになった。さらに入門編のプログラムは、「沈黙の状態」から思い切って踏み出すという意味で『踏み出す』、アドバンスド編はキャンパスの外に出て社会とつながるというねらいから『つながる』と名づけることになった。こうして、各プログラムの開発がスタートしたのだ。

入門編も新たな「体験」のチャンスになる

まずは、入門編『踏み出す』の内容について見ていこう。

『踏み出す』を開発する上で特に重視したのは、参加しやすさだった。そのため回数を少なくし、各回の時間をできるだけ短くすることにした。回数については初回のみ3回で行われたが、より参加しやすくするために、2度目以降に実施されたプログラムでは全2回で行われている。またプログラムを実施する時間帯は、授業が終わった後、気軽に参加できるようにするため、平日の夕方に2時間程度で設定した。

次に議論されたのは、プログラムの内容である。前述のように『踏み出す』は学生がキャンパス外に出る準備を整えるためのプログラムであった。しかし議論が進むうち、このプログラムに参加すること自体、新たな他者と触れ合う貴重な「体験」になるのではという意見が出た。

早稲田大学の学部学生数は約4万3000人※、大学院生は約8000人※である。さらに、留学生を増やす計画も成果が上がっている。学内には、多様な学生が集っているのだ。ところが

※（2016年5月1日現在）

「沈黙する学生」は、ゼミやサークルといった限られた仲間としか交流しない傾向にあるため、せっかくのWASEDAの環境を活かし切れていない。「入門編」のプログラムには、学年や専門、出身地などのバックグラウンドが異なる学生が参加する。そのこと自体、他者とのコミュニケーションのチャンスになり得るのではないか。

「そう考えてみると、このプログラムは、単にキャンパスの外に出る準備のためだけでなく、参加者にとって自分のキャリアを考える上でも有益な体験になると思いました」

このように坂倉が考えたのは、新プログラム開発の準備のためにさまざまな文献に当たってきたからだ。このとき坂倉が頭に浮かべていたのは以下の文献だった。

学生が自分のやりたいことを探すには時間がかかるし、一人で考えてもなかなか深まらない。だから、いろいろな情報や他者とのコミュニケーションが必要になるのだが、単発のガイダンスではそのような機会を提供できない。そもそも何がやりたいのかわからない学生に、自分のやりたいことを探しなさいと言っても無理である。進路探索において必要なのは、自分がやりたいことを探すための時間と情報、そして、何よりもそのきっかけであろう。

出典：川瀬隆千　辻利則　竹野茂　田中宏明、「本学キャリア教育プログラムが学生の自己効力感に及ぼす効果」宮崎公立大学人文学部紀要13⑴、57－74頁。２００６年。

こうして、『踏み出す』の参加者が他者とのコミュニケーションを十分に体験できることをめざし、ディスカッションの時間を増やすことになった。さらに言えば、自分のキャリアを考えるきっかけにするためにも、個と個の関係が少しでも深まり、他者の思いや感じていることを知るきっかけになることをめざすことにした。議論を進め・深める体験をさせるため、簡易的なグループワークも行うことが決まった。

参加した学生が、このような体験をすれば、たとえアドバンスド編に進まなかったとしても、学内の多様な学生との交流を通して、新たな「体験」をするための基礎づくりになると考えたのだ。

入門編の概要

実際のプログラムでは、参加した学生を五人程度のグループに分け、次の内容で行うことが決まった。

①アイスブレイク
場の雰囲気をやわらかくするために簡単なゲームを行う。
②他己《たこ》紹介

自分自身のことを紹介する「自己紹介」とは違い、他者に自分を紹介してもらう。

まず「自分紹介シート」を記入し、次に、このシートを使って、別のメンバーが記入者の紹介を行う。シートだけではわからない部分があった場合は、記入者に質問をしながら紹介を続けていく。

通常の自己紹介ではいかにして自分を大きく見せようかと考えがちになるが、それを防止してフラットな関係の中でお互いを知ることが目的である。互いに「他者の紹介をする」というミッションを通して、紹介する相手に対して興味をもつようになり、相互にフラットな関係性をつくりやすくなる。

③グループワーク

話し手となった人は、学生の間にやってみたい、あるいは、これはやってみたかったと思っていることを話す。それ以外のメンバーは、話し手の話に集中して、しっかり聞く。話が終わったところで、感想やアドバイスをシートに記入して話し手に渡す。一人の話が終わったら、順番に全員が同じことを行う。

④宿題

1回目の終りに次回の宿題について説明を行う。2回目は、この宿題の発表を中心に進行する。

告知の内容を考えることでターゲットが明確になった

『踏み出す』の参加者は、公募で集めることになった。プログラムの告知のための手段はチラシだった。早速、「このプログラムを必要としているのはどんな学生か？」「その学生に向かって、プログラムの内容をどう説明するか？」について検討された。

その過程で明確になったのは「悩んでいる人、参加しませんか？」といった呼びかけにはせず、「みんなで話をしませんか？」と投げかけることだった。

「中には、深い悩みを抱えている学生もいます。しかし私たち職員は専門家ではないので、たとえば心理的なサポートが必要な学生が参加したとしても十分な対応ができません。そこで、カウンセリングのように一対一でじっくり話を聞く場所ではなく、あくまでもみんなで話をする場であることを、ハッキリと伝えることにしました」（坂倉）

このような方針のもとで完成した第一案は、次の内容だった。

グローバル人材、内向き志向、リーダーシップ、リア充、ランチメイト、人間力、シューカツ、問題解決能力……。大学生や大学生活にまつわる言葉は数多くあります。あなたは、どの言葉にピンと来ますか？　どの言葉に不安を覚えますか？　コムズカシイ新聞の社説や、したり顔の評論家は放っておいて、まず、みんなで一緒に話してみませんか。自分が置かれている場所、そしてこれからの可能性について。

この案に対しては、「『グローバル人材』『内向き志向』といった言葉をトップに配置すると、読んだ学生は『社会的な問題について議論する場では？』と考える可能性がある」という意見が出た。そこで、日頃考えていることや思っていることをざっくばらんに話す場であることをストレートに伝えることをめざし、第二案を制作することになった。

「授業？　真面目に出てますよ」「サークル活動もそつなくこなしてまーす」「アルバイトはいいカンジでやってます」「シューカツかぁ。だるいよねぇ（笑）」「今日も飲み会だー」「大学生活ってこんなものっしょ」

〝グローバル人材〟とか、〝リーダーシップ〟とか、〝人間力〟とか、マスコミや周りはいろいろと言うけど、「私の生活、このままでいいのかな」なんて漠然と思っていませんか。コムズカシイ新聞の社説や評論家は置いといて、まず、早大生同士、一緒に話してみませんか。あなたが、今、立っている場所について。そこから続いている道について。

この案を見たときに感じたことについて坂倉は、次のようにふり返る。

「学生の実感にそった内容だと思いました。また、『一緒に話をしてみませんか』というメッセージも入っています。ただ、メッセージの量が多すぎて、『学生に伝わりにくいかもしれな

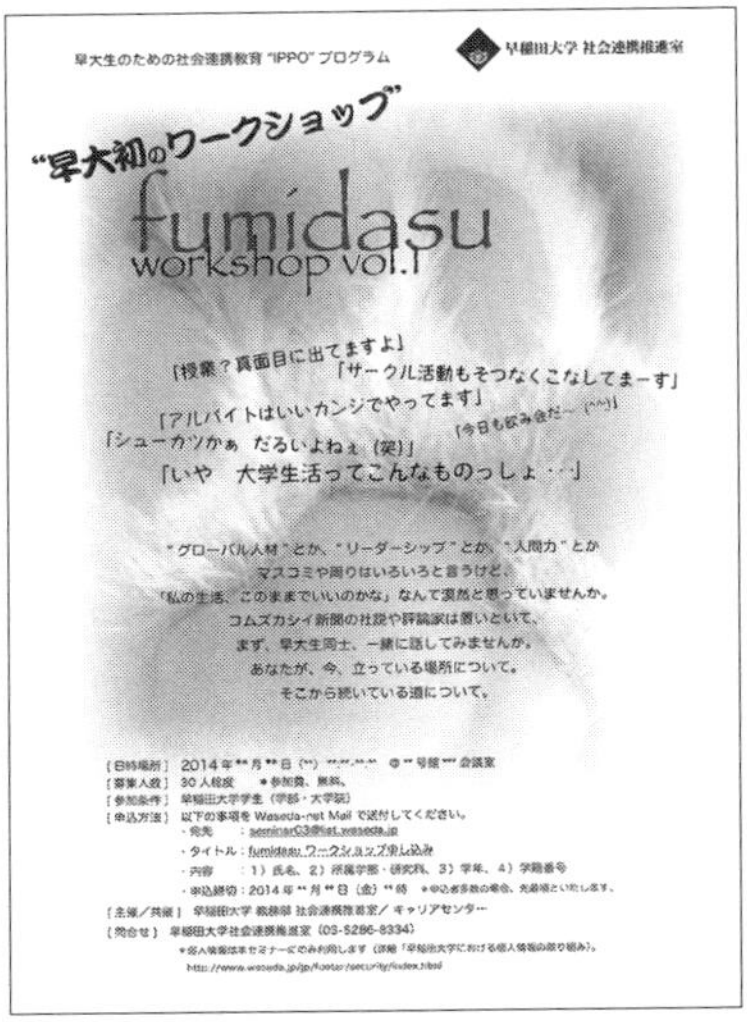

『踏み出す』チラシ（第2案）

い』と思いました。そこで、『このチラシはぜひ使いたい。でも、もっとシンプルなチラシもつくってほしい。2種類のチラシを使って、どちらが学生の反応がいいかを確認しましょう』と伝えました」

一方、坂倉の話を聞いた伊藤は、

「たしかに説明しすぎていると思いました。そこで、ほんとうに伝えたいことだけを言語化することと、予定しているプログラムのイメージを伝えるための工夫を考えることにしました」

第一案と二案では写真を使っていたが、伊藤は、それではイメージを伝えるのは難しいと判断。自らイラストを制作した。また文章を大幅に削って、次のようにした。

……このままでいいのかな、大学生活。

「とりあえずみんなで話してみませんか？」

「せっかくつくるなら第二案とは全く違うイメージにしたい。考えているうちに、そもそもグローバル、リーダーシップ、人間力といった言葉は必要なのか？　と思ったんです。こういう言葉を使うと、それに対して反応する学生が集まることになります。もともと社会連携推進室内で、さまざまな価値観をもつ学生に参加してほしいというコンセンサスがあったので、思い切って『説明しない』方向へ舵を切ることにしたんです」

完成した伊藤の案を見た坂倉は、

「トップの『…このままでいいのかな、大学生活』という文章は、新プログラム開発のきっかけになったEさんが思っていたことをうまく言語化したものでした。またイラストも、新プログラムのターゲットである『沈黙する学生』のイメージにピッタリでした」

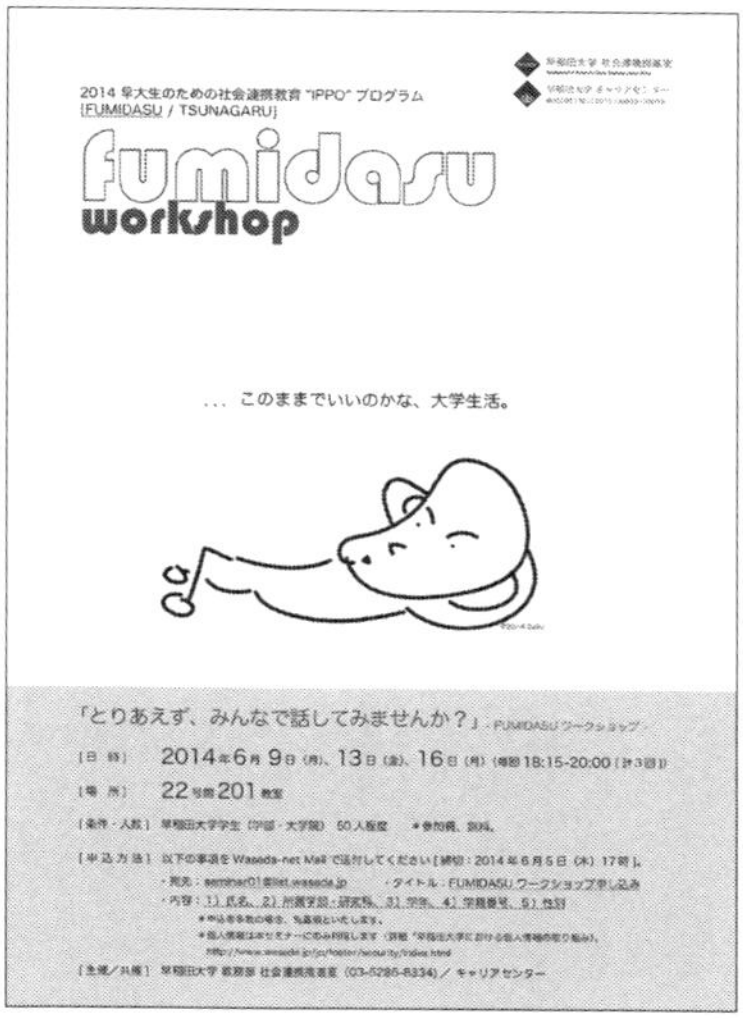

『踏み出す』チラシ（第3案決定稿）

坂倉は、「2種類のチラシを使う」という方針を変更して、シンプルなチラシのみを使うことを決めた。さらに現在でも、『踏み出す』について説明する際には、必ずこのチラシを相手に見せながら

「このようにモヤモヤしている学生がターゲットです」と説明している。告知を行った結果、学年も学部も異なる約30名近くの学生が集まり、新たに「みんなで話してみる場」が誕生したのだ。

フラットな関係を生み出す工夫とは？

『踏み出す』のねらいは、コミュニケーションを通して個と個の関係が少しでも深まる場を提供することだった。そのために重視したのは、参加した学生の間に「フラットな関係」が生まれる工夫をすることだった。

学生同士の関係をフラットにするための第一の工夫は、グループ名のつけ方だった。「Aグループ」「Bグループ」という名称を避けて、懐かしいアイスクリームの名前、早稲田近辺の（今はない）定食屋の名前などをグループ名にしたのだ。理由は、A、B、Cという形で名前をつけると、どうしてもA→B→Cという順位が連想されてしまうからだ。

第二の工夫は、名前の呼び方を変えることだ。会場に到着した学生には、白紙の紙が入ったネームプレートを渡す。そこに、ほかのメンバーから呼んでほしい名前を書いてもらう。学部や学年を書かずに、呼んでほしい名前を書いてもらう理由は、先輩・後輩の上下関係や、所属している学部のイメージから自由になってもらうためだ。自分が呼んでほしい名前を使うことで、授業等、ふだんの大学生活とは異なる意識でプログラムに参加できるのだ。

さらに、学生と職員の間もフラットな関係になる工夫がされた。運営や進行のために参加する社会連携推進室の職員は、ネクタイや上着は着用せず、ふだん着用している所属組織名の入った大学の名札を外した。そして、学生と同様「呼んでほしい名前」を書いたネームプレートをつけた。当然のことだが、プログラム中、職員は学生から「呼んでほしい名前」で呼ばれることになる。これは、ふだん「大学職員」という肩書で仕事をしている職員にとって、そんなに簡単なことではなかったようだ。坂倉は、何度プログラムに関わっても慣れなかったと話す。

「フラットな関係をつくるためには、私たち職員も肩書を外し、ふだんとは違う名前を使う必要がある。頭では理解していても、ふだんとは全く違う名前を使って自己紹介することも、また、学生から違う名前で呼ばれることも、正直言ってかなり恥ずかしかったです」

さらに、プログラムの冒頭では、担当の職員は全員の前に立ち、あえて大げさな身ぶりをすることになっていた。理由は、固い雰囲気をこわして、やわらかくするためである。

「私が『恥ずかしいな』と思いながらやっていたことが、学生に伝わっていたと思います。でも、実はそれでもいいんだということがわかりました。

恥ずかしがりながらも、それでも思い切ってやってみると、不思議と学生も心を開いてくれるんですね。また、休み時間などに学生から『恥ずかしくないですか？』などと聞かれることがあります。『そうだよ。この歳になっても、恥ずかしいんだよ』と本音を伝えると、ぐっと距離が近くなると感じます」

坂倉は、呼んでほしい名前としてネームプレートに「み〜な」と書くことにしている。「私の本名は『みどり』なので、この呼び名を使っていると、学生から『なぜ、〝み〜な〟にしたんですか？』と聞かれます。それが、ちょうどいい会話のきっかけになるんです。またプログラム終了後、学生が社会連携推進室に顔を出してくれたときに、『み〜なさん、お久しぶりです』と言われることがあります。すると、社会連携推進室の課長と学生の関係ではなく、一挙にプログラムのときと同じ、フラットな関係に戻ることができます。そういう意味でも、自分が呼んでほしいと思う『呼び名』を使うことは、大きなメリットがあると思います」

社会連携推進室が新プログラム開発に着手した理由の一つに、学生の生の声を聞けたことがある。その背景には、このようにフラットな関係をつくる工夫を続けてきたことがあるのは間違いないだろう。

キャッチボールを大切にする

『踏み出す』によって、個と個の関係が少しでも深まる場を提供するために重視した第一のポイントは、すでに説明した「フラットな関係」が生まれる工夫をすることだった。

第二のポイントは、プログラムに参加した学生に「キャッチボール」を強く意識させることだった。「会話はキャッチボールが大切」と言われることがあるが、実際のコミュニケーションの場面では、ボール（言葉）をキャッチすることよりも、ボールを投げることに意識が向いていることの方が多いのではないか。言い換えると話を聞くことよりも、話すことにエネルギーを使っている状態、いわば「ピッチボール」になっていることが多い。いったん「ピッチボール」の流れになってしまうと、その場は、話題が豊富で聞き手を惹きつける話し方ができる人に支配されてしまう。たとえ『踏み出す』に「沈黙する学生」が参加したとしても、その学生が沈黙を破ることは難しいだろう。

そこで、プログラムの冒頭で、社会連携推進室のメンバーは学生に対して、コミュニケーションにおける「キャッチボール」と「ピッチボール」の違いを簡単に説明した上で、次の注意を伝えることにした。

「このプログラム中は、〝ピッチボール〟ではなく〝キャッチボール〟に徹してください。いかに相手の話をキャッチするか、つまり相手の話をしっかり聞くことに意識を向けてください。各ワークでは、〝話し手（話をする人）〟と〝聞き手（話を聞く人）〟にわけることがあります。そのときには、〝聞き手〟の人は、〝話し手〟の話を聞くことに集中してください。

よくある失敗例は〝聞き手〟が自分のことを考えることです。たとえば〝話し手〟の話を聞きながら『自分の番になったら、どんな話をしようか？』などと考えていたら〝話し手〟の話に集中できません。もう一つの失敗例は、〝話し手〟の話を聞いている途中に、〝聞き手〟が自分の話を始めてしまうことです。たとえば〝話し手〟が釣りの話をしたときに、『実は、俺も釣りが好きなんだ。先週も釣りに出かけたんだけど……』という感じです。自分の話をしたくなったときは、すぐに意識を切り換えて、相手の話に集中するようにしてください」

合わせて〝聞き手〟が集中して話を聞くことができるようにするため、〝話し手〟のもち時間は5〜10分程度に制限することにした。

「実際にやってみると、中には〝聞き手〟が、自分の話をしてしまっているケースもありましたが、ほとんどの学生は楽しそうに人の話を聞いていて、意外でした」(坂倉)

このように楽しく話を聞ける理由の一つとして考えられるのが、「自分のことを考えず、相手の話に集中する」ことを徹底していることだ。それとは逆に、日常生活で会話をしているときに、私たちは相手と自分を比較してしまうことがある。たとえば、学内で有名なサークルの代表を務めている〝話し手〟が自分の体験について話をしているとき、〝聞き手〟の学生が「同じ学年なのに、この人はすごいな。それに比べて、自分には誇れることが何もない」と考えてしまう場合だ。すると、〝聞き手〟は話を聞くことが苦しくなってくる。こうした状態に陥らないために、「自分のことを考えず、相手の話に集中する」を実践しているわけだ。その結果〝聞き手〟は、相手と比較することから生まれる苦しさから自由になれるのだ。

同時に、相手の話に集中すれば、相手の考え方や感じ方が見えてくる。学年や学部、所属しているサークルなどの一般的な情報だけでは知ることができない考え方や感じ方にふれて、相手に対する理解が深まる。このような体験をしている学生の姿を見ながら、坂倉は「楽しそう

終了後のアンケートの結果

肯定的な感想

- 大学では、こんなに真面目に話す機会がないので、よかったです。
- 参加者の自然な笑顔が見られた気がします。
- ほんとうに新鮮でした。楽しかったし、大切な出会いができました。
- 今の自分に強い肯定感が生まれました。素敵な人たちと出会い、自分を見つめ直すきっかけになりました。

否定的な感想

- 消化不良でした。
- 職員さんが学生個人と向き合い過ぎです！　もう少し距離を置いて、学生に託すのも１つの手ではないかと考えます。

に話を聞いている」と感じたのだ。

『踏み出す』の成果

では、『踏み出す』に参加した学生は、実際には何を感じたのだろうか？　終了後のアンケートによると、肯定的な感想と、否定的な感想があった。

しかしアンケートだけでは、学生の本音を知ることは難しい。そこで、『踏み出す』に参加した学生三人に協力を得て、プログラムを受けた感想や意見を聞くためのミーティングを行うことになった。三人の学生は、以前から社会連携推進室のプログラムに参加していることもあって職員とは顔見知りの関係で、本音を聞けることが期待できた。三人の中には、新プログラム開発のきっかけになったEも含まれていた。

話を聞くうちに、『踏み出す』は参加した学生にとって貴重な場になっていたことがわかってきた。Eのグループに参加したある学生は、「グループの中で自分の夢を話すことができたのがよかったし、それをほかの人が受け止めてくれたのも嬉しかった。『すごいね』と言ってくれる人もいて、参加してほんとうによかった」と目を輝かせながら語っていたという。

ほかの参加者からも「こんなに話せる場所があるなんて信じられない」「いろんな夢をもっている人がいるんですね。ふだん、こういう話をしないから」といった声が出ていたという。

このようなやりとりを通して、坂倉は、「コミュニケーションを通して個と個の関係が少しでも深まる場を提供する」という当初のねらいが、ある程度達成できたと感じたという。

点検・評価、改善・見直しの重要性

当初、『踏み出す』に参加した学生のうち、希望する学生にファシリテーターになってもらうという構想があった。ファシリテーターの役割は、各グループの活動が「コミュニケーションを通して個と個の関係が少しでも深まる場」になるように調整することだ。具体的には、「グループのメンバーにワークの進め方を説明する」「〝聞き手〟が話を始めたときには、話を聞くように伝える」「ディスカッションにあまり参加しない学生がいたら、その学生が話をしやすいように、『○○さんは、どう思いますか？』と声をかける」などを行う。初回のプログラムでは社会連携推進室のメンバーがファシリテーターを務めたが、これを学生に任せることができれば、スチューデント・ジョブとして位置づけ、プログラムの回数も増やせる。より多くの学生に、参加してもらうことが可能になるのだ。

しかし実際に試してみると、実現はかなり難しいことがわかってきた。

「ファシリテーター役の学生と、ほかの学生の関係がフラットではなくなる傾向があるんです。『プログラムを知っている人』と『知らない人』という差がどうしても生まれてしまうんですね。そこで、学生にファシリテーターを依頼するという構想を断念して、希望する他箇所の職員に担当してもらうことにしました」

社会連携推進室のメンバーは、個人的につながりがある職員に「学生の生の声を聞く機会にもなるので、ぜひ協力してほしい」と声をかけた。また、「議論を導いたり、まとめたりする必要はない。しゃべりすぎの学生がいたら、ほかの人の発言を促してくれるだけでいい。それと、自分が学生時代に考えていたことや、今悩んでいることを話してほしい」と説明した。

「社会連携推進室に配属されて学生とコミュニケーションする機会が増え、学生の本音も聞けるようになりました。それは、新プログラム開発で役に立っただけでなく、自分にとっても意味があることでした。『教育の現場に直接携わることができている』という実感が得られたのですから。学生にファシリテーターを任せるという当初の構想を断念することで、結果として、私がし

た経験をほかの職員ともシェアできることになったのです」（坂倉）

もう一つ見直しを加えたのが宿題の課題である。1回目の実施では「20年後の自分」についてイメージするという内容だった。まず、20年後の自分の姿について「どんな仕事をしているか?」「どんな家庭生活を営んでいるか?」など、できるだけ具体的に想像する。次に、20年後の自分から見たら、今の自分に対してどんなメッセージを送りたいかを考える。そのメッセージを文章、写真、音楽、動画などの形式で表現し、次回のプログラムで発表するというものだった。

「自分の将来をイメージした上で、『今、自分は何をすればいいか?』を考えさせることは、新たな一歩を踏み出すきっかけになると考えました。

しかし実際にやってみると、学生にとって20年後の自分をイメージすることはかなり難しかったようです。具体的なイメージが想像できないまま、いきなりメッセージを考えてしまった学生がほとんどでした。これは、たとえば10回ほどプログラムを実施して、もっと自己理解を深めた学生に出すような高度な課題だったのだと反省しました」

そこで、社会連携推進室内のミーティングで、新たな課題をどうするかが検討された。その結果、「今の自分には何が必要か?」を考えてもらい、次回のプログラムの際に、各グループ内で「自分は、明日から○○をします」と宣言してもらうことになった。

「課題を決める際には、学生が気軽に取り組めることを重視しました。また、宣言を、実際に一歩踏み出すきっかけにするためにはどうすればいいかも議論しました。その結果、グループ内で発表する前に、『自分がその宣言をしようと考えた理由も一緒に説明してください』と伝えることにしました。たとえば『1限の授業に出る』という宣言なら、『今までの自分は怠惰だった。自分を変えるために、できることから始めようと思った』といった理由を説明してもらうわけです。理由まで掘り下げた方が、確実に一歩を踏み出すきっかけになると考えたのです」

このように新たなプログラムを計画、実行し、その結果をチェックした上で新たな実施につなげたプロセスは、まさにPDCAサイクルそのものである。PDCAサイクルは経営学の世界で提唱されたもので、目標・計画を立て（Plan）、実行し（Do）、結果を点検・評価し（Check）、改善・見直しを行う（Action）という一連のプロセスを指す。

２００９年に大学基準協会から出された「内部保証システムの構築」では、大学の教育や研究の質を保証するためには「大学の諸活動についての点検・評価を行い、その結果をもとに改革・改善に努め、それを通じて、大学の質を自ら保証することのできる内部質保証システムを構築する必要があります」と、自己点検と評価の重要性を指摘している。さらに自己点検と評価の目的については「その結果を改革・改善へつなげることが重要です」とし、具体的なやり方としてPDCAサイクルを紹介している。社会連携推進室の一連の取り組みは、まさにこのプロセスを実行したものだったのだ。

リスク管理を行うのは学生のため

初回実施後のアンケートを参考にして行われた、社会連携推進室内でのふり返りの際にも、『踏み出す』プログラムが消化しきれなかった学生に対する懸念が出た。プログラムには、学部も学年も異なる学生が参加する。勇気を出して参加した「沈黙する学生」にとっては、多様な意見や考え方にふれる機会は刺激が強すぎる可能性がある。この問題を解決する方法として提案されたのが、プログラムの最後に「未消化の部分があるようだったら、社会連携推進室に相談に来てください」とアナウンスすることだった。

すでに説明したように、告知のためのチラシの中で、『踏み出す』はカウンセリングのように一対一で話を聞く場所ではなく、「みんなで話をする場」であることを伝えていた。しかし、それでも深い悩みを抱え、カウンセリング的なサポートを期待する学生が参加している可能性はある。そこで坂倉は、その場では結論を出さずに、カウンセリングについて詳しい学内の教員に相談することにした。

「『相談に来てください』と伝えると、中には、カウンセリング的な関わりを期待する学生もいるという指摘をいただきました。その代わりに先生が提案してくださったのが、プログラムの後に、学生が気軽に集まることができる懇親会を設定することでした」

あらかじめ懇親会の日程を決めておけば、プログラムの最後に学生に対して、懇親会を行うことと、その日程を伝えることができる。すると、たとえ未消化な部分が残っていて、話を聞いてほしいと思っている学生がいたとしても、「懇親会まで我慢しよう」と考える。懇親会までの期間は、自己内省をする時間となるので、その学生にとっては心理的に成長する機会になる可能性があるのだ。さらに懇親会の形式にすれば、カウンセリング的に一対一で話を聞く場ではないことも明確になる。

この助言を参考にして、プログラム終了から1週間後に「ランチ会」を行うことにした。参加を希望する学生は弁当を持参して、会場に集合する。社会連携推進室のスタッフも、弁当を持参で参加する。昼食を食べながら、自由に話をすることができるようにしたのだ。

学生同士、フラットな関係でコミュニケーションをする場をつくることは、参加した学生にとっては一対一の関係を体験して、他者が思っていることや感じていることを知るという貴重な機会になる。その一方で、ふだんは心に秘めている深い悩みや葛藤が表出する可能性もある。心理カウンセラーとしてのトレーニングを受けていない職員だけでプログラムを運営する以上、そうした表出が起きないように配慮する必要がある。そのために、チラシの文章について気を配り、専門家のアドバイスをもらいながら「ランチ会」を設定したのだ。

ほかにも、プログラムの実施にあたって、学生相談室や障がい学生支援室などの部署に出向き、プログラムの概要を説明すると同時に、協力を要請した。

このようなリスク管理を行ったのは、なんといっても、学生を傷つけてしまうことを避けるためである。自分たちができることと、できないことを冷静に切り分けて、学内の資源を活用しながらプログラムを開発、運営することが大事なのだ。

この章で起こった「結果」と「成果」

▼主要な登場人物……社会連携推進室の坂倉と伊藤、『踏み出す』に参加した学生たち

▼現場……………『踏み出す』の会場（学内）

▼起こったこと……『一歩』の入門編『踏み出す』が実施され、学生の評価が高いことがわかった。同時にＰＤＣＡサイクルを回すことで、プログラムの問題点を改善して、次回の実施につなげていった。

4章 プログラムをしつらえる

（『つながる』企画段階）

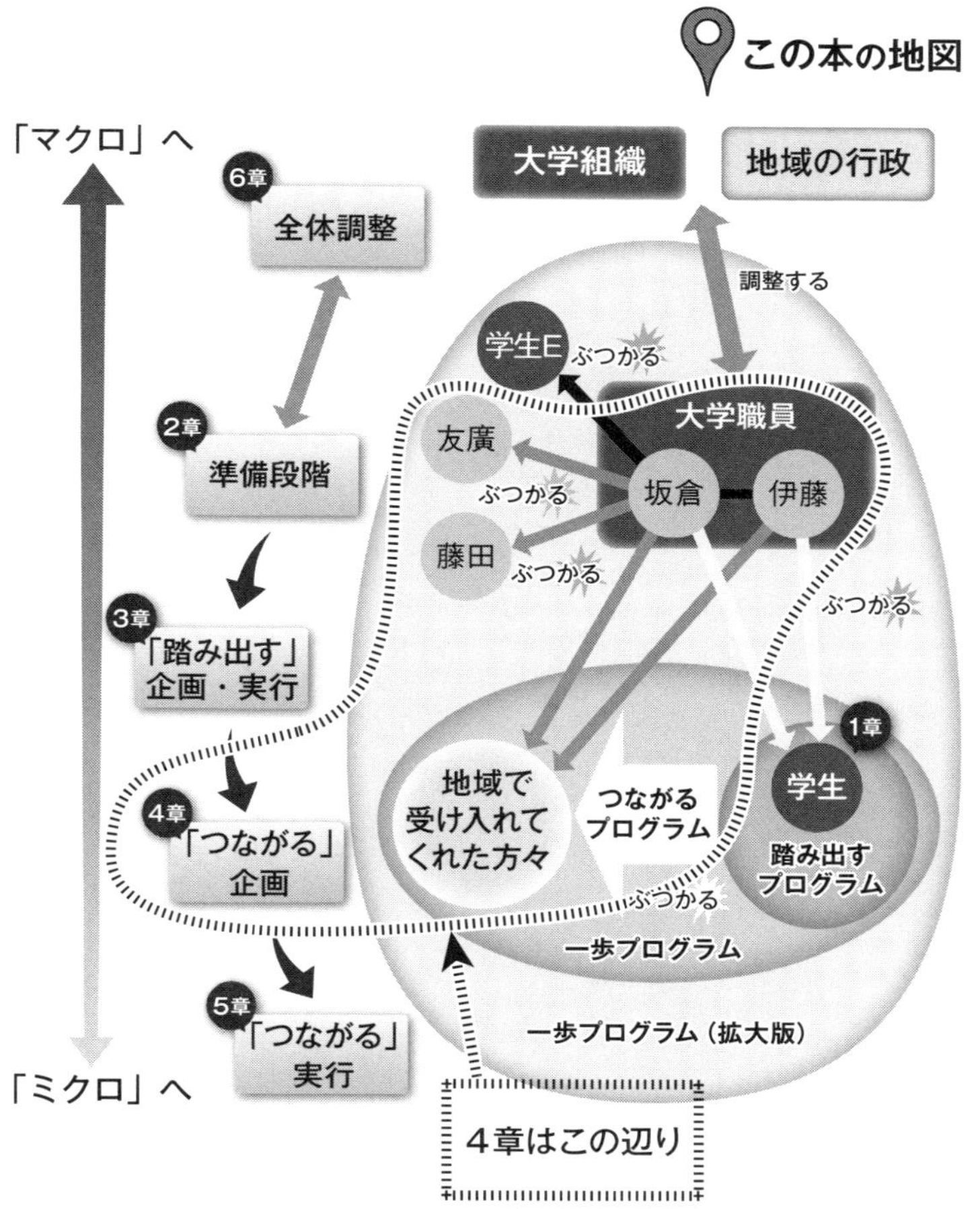

ボランティアの協力で始まった『つながる』

「3泊4日で行われるこのプログラムは、インターンシップでも、農業体験でもありません。協力してくださる一人の方の生き方に触れ、なぜその場所で生きているのか？　何にこだわっているのか？　そういったことを学ぶプログラムです。

皆さんを受け入れてくださる方々には、最低限の必要経費しかお支払いしていません。ボランティアで協力していただいています。『学生を4日間、そばに置いてください。また、できればご自宅に宿泊させてもらえないでしょうか？　食事の面倒もみていただけないでしょうか？』という無理な依頼をし、快く承諾していただいた方ばかりです。皆さんは、そういう方のもとで4日間過ごすことになります」

これは『つながる』に参加する学生を対象にしたオリエンテーションで、伊藤が学生に対して行った説明である。『つながる』は、社会連携推進室が開発した『一歩』のアドバンスド編プログラムで、文字通りキャンパスの外に出て社会と「つながる」体験を提供することが目的だ。

社会連携推進室は、なぜ、一人の人の生き方に触れることをめざすプログラムの開発を決めたのだろう？　また、なぜ、最低限の必要経費しか支払わないという条件で「日中だけでなく自宅への宿泊や食事の提供を含めて依頼する」という方針を決めたのだろう？　さらに、これだけハードルの高い依頼を受けてくれる協力者をどのようにして見つけたのだろう？　三つの疑問を解くために、『つながる』の開発プロセスを見ていこう。

すでに説明したように、職員のみで実施する『一歩』を開発するにあたって社会連携推進室で確認された方針は、大きく四つある。第一に「沈黙する学生」をターゲットにすること、第二に「沈黙する学生」がキャンパスの外に一歩踏み出すためのサポートを目的とすること、第三は、学生が社会と関わり、そのプロセスで育っていく仕組みをつくること、第四は、学内・関連組織と連携を図りながら、大学としての社会連携の推進にもつなげることだった。

この方針を実現するために開発された入門編のプログラム『踏み出す』のねらいは、「沈黙する学生」がキャンパスの外に一歩踏み出す準備をすることである。そして、準備ができた学生に、キャンパスの外で新たな体験をする場を提供するために開発されたのがアドバンスド編のプログラム『つながる』である。

大切なのは一対一の関係

アドバンスド編のプログラム開発にあたって、社会連携推進室で最初に議論されたのは、「学生にどのような『体験』をさせるか？」だった。その際、参考にされたのが木島平村のプログラムである。

すでに紹介したように、2013年夏に実施された同プログラムに参加した学生のうち、馬《ま》曲《ぐせ》集落でフィールドワークを行ったグループは、村の活性化案として「遊び、手伝い、学ぶ」をテーマにしたサークルの立ち上げを提案した。グループのメンバーはフィールドワークを通して、「ええっこ」という相互扶助の考え方を知り、未知の価値観に魅力を感じた。そして、サークルをつくることで相互扶助の輪に加えてもらうことは、地域の活性化だけでなく、自分たちにとっても意味があると気づいた。それは、都会とは異なる価値観の中に身を置くことで主観の幅が広がり、自分たちの生活が豊かになるという気づきだった。

坂倉は、このような深い気づきが得られた理由について、フィールドワークを通して、地域の人と学生の間に顔が見える関係、言い換えると「一対一の関係」が生まれたからだと気づいた。さらに坂倉は、一対一の関係から生まれる体験が、坂倉が考えていたものと少し異なる側面を持つことに気づいた。

「雪かきを手伝うために木島平村に行った学生に、一番印象に残ったことについて聞くと、『○○さんの自宅にあげてもらって、お新香を出してもらったことが嬉しかった』『こたつに入って、みかんを食べながら話ができたのがよかった』といった答えが返ってきました。

もしかすると学生たちは、一対一の関係を求めているのかもしれない。地域に通うようになるのは、その欲求が満たされるからかもしれないと考えました」

それは東京で行われたプログラムに参加した学生も同じだった。墨田区の食育計画に参加した学生のうち、その後も同区の活動に参加している学生に理由を聞くと、次のように一対一の関係がきっかけになったという答えが多かった。

「○○さんが、自分のために〝おいなりさん〟をつくってきてくれたことが嬉しかった」

「ワークショップのときに同じ班だった○○さんに、発表の打ち合わせをするために電話をしたんです。そのとき『準備が進んでいるのは○○君のおかげだよ。ありがとう』と言ってくれたことが忘れられません」

中には、このような経験を重ねるうちに最終的に下宿先を同区に移した学生もいた。

ではなぜ、一部の学生は一対一の関係を求めているのか？ その答えを求めて、坂倉は青年期の心理についての文献を当たった。

「青年期はアイデンティティーの確立の時期であると同時に、危機の時期でもあることがわかりました。『社会の中で生きていく自分が、何をしてどう生きればいいか』について考えるための指針となる『価値基準』を見失ってしまった青年は、心理的に不安定な状態を解消するために『自分は、社会の中でどんな意味がある存在なのか？』と自問をするようになるというのです。

興味深かったのは、そういう状態にある青年にとって、他者からの承認は、価値基準を抜きにした根源的な自信を与えてくれるものになり得るという指摘でした。学生が木島平村や墨田区に通うようになったのは、一対一の関係を通して『他者からの承認』を得られたからかもしれない。そう気づいたんです」

こうして坂倉たちは、新プログラム開発では一対一の関係が生まれることを重視することにしたのだ。

重要なのは日常の場に身を置く体験

では、一対一の関係が生まれる場をつくるためには、どんな工夫が必要なのか？　坂倉は、2013年の木島平村のプログラムの何がよかったのかを再検討することにした。

坂倉は、最終日の報告会しか見ていなかったため、プログラム期間中に学生のサポートを担当した木島平村役場の担当者に話を聞くことにした。その結果わかったのは、学生が村民にヒアリングを開始する前日、学生と村民の顔合わせが行われていたことだった。プログラム全体としてみれば特に大きな変更ではなかったが、この年は、役場の担当者の発案で顔合わせの場が設定された。その場で学生は「ちょうど祭りの山車をつくっているところなので、今晩、よかったら見に来ないか？」と地域の人から誘われたという。その夜は、宿舎でグループワークを行う予定だったが、予定を変更して参加させてもらうことになった。

「学生は、地域の方と会話を交わしながら、楽しそうに作業を手伝っていたそうです。日常から切り離され、お膳立てされた場で話を聞くだけでなく、日常の場にも入れていただき、同じ場で、同じ時間を共有できたことが、学生にとって大きな意味があったんですね。地域の方との距離が縮まって、その後のヒアリングでも例年よりも深く掘り下げることができたのだと思います。

また、日常の場に入れていただいたことは、非言語的な情報に触れる機会にもなったと思います。地域の方の言葉づかいやしぐさ、表情といった容易に言語化できない生の情報に触れることは、学生の気づきを深めるために有益だったと思います」

学生は、地域の人がお互いに協力し合う場に身を置くという経験をしたからこそ、相互扶助を意味する「ええっこ」という言葉に敏感に反応したのではないか。また、その場の居心地の良さだけでなく、「人生が豊かになる何か」を感じたからこそ、サークルを立ち上げ、村に通うようになったのだろう。

このように、木島平村の事例を見直すことで、そこで生きている人の日常の場に身を置く機会をつくることが重要だという仮説が得られたのだ。

「民泊」の意味とは？

この仮説を補強する事例がほかにもあった。それは、同じ２０１３年に実施された佐賀県の有明漁業協同組合佐賀市支所との連携事業だった。

佐賀県は早稲田大学の創立者である大隈重信の出身地で、２００６年に連携協働に関する包括協定を締結。社会連携推進室が窓口となり、現在でも人材交流、教育交流などが継続して実施されている。２０１３年の春、佐賀県の担当者から「早稲田の学生に海苔のパッケージデザインを考えてほしい」という依頼が入った。佐賀県の特産品である海苔のブランド化のために、「若者の視点でデザインを考えてもらえないか」という内容だった。

しかし、その後、先方の意見も踏まえて社会連携推進室内部で打ち合わせを重ね、プログラムを組み直していった。現地までの旅費といった具体的なものから教育的効果までを検討した結果、まずは公募の対象を「佐賀県出身の学生」に限定することにし、佐賀市支所青年部の漁業者と交流の場を設定することも決めた。故郷を離れて東京で学ぶ佐賀県出身の学生が、地元の地域資源について改めて学ぶだけでなく、若手漁業者との関係を深めることもめざすことにしたのだ。

第一回のプログラムは、2013年8月に2泊3日で行われることが決まった。宿泊場所は、佐賀市支所の漁業者である杉町省次郎の自宅。プログラムの目的は、これからの有明海の漁業について漁業関係者と共に考える機会をつくることだ。そのために「養殖海苔の種付け」などの漁業体験や漁業に携わる関係者との座談会を通して、漁業の現状などについて学ぶことになった。

このプログラムには三人の学生が参加した。そのうちの一人であるGは、プログラム終了後、社会連携推進室を訪れ、「漁業を体験したというより、生活を体験した感じがします」と報告した。

Gは、杉町の自宅で生活をともにすることで、漁師の仕事が、潮の満ち引きや天気に合わせて進行していることを知った。さらに、杉町に対する理解も深まり、「杉町さんは、こんなことが好きだろうし、こういうこだわりをもっているんだろうな」ということまでわかってきたと

有明漁業協同組合佐賀市支所との連携事業として行われたプログラム（2013年）

いう。

「そういう気づきがあったのは、杉町さんの話を聞いたからだけではないそうです。G君は、『言語化できない雰囲気やふるまい、癖などを見られたことが大きかった気がします』と教えてくれました。相手を深く理解するには、言語化された情報だけでは不十分だと。『本や雑誌、ネットから得られる情報には限界があることがよくわかりました』という彼の言葉が印象に残っています」（伊藤）

提供すべきは生き方に触れる体験

伊藤から報告を受けた坂倉は、２００９年に行われた奈良県との連携事業の報告書を思い出したという。それは、奈良県御所市中心市街地のフィールドワークを踏まえて、学生が中心市街地の活性化提案を行うプロジェクトの報告書だった。プロジェクトの指導にあたった早稲田大学教育・総合科学学術院教授箸本健二は、報告書の中で、大学と自治体がフィールドワークを含む連携事業を行う際に必要な協力体制について述べた部分で、懇親会や民泊の大切さを次のように強調していた。

第三（の提案）は、懇親会や民泊など、参加学生と地元の方々が非公式に話せる場を意図的に設けることである。今回の調査では、地元のご厚意を得て学生は「民泊」を経験した。このときのホストファミリーとの交流を通じて、学生は公式見解とは異なる「生の声」を数多く聞き、これを提案を生み出す際の糧としている。

「最初報告書を読んだ当時は、正直なところピンとこなかったのですが、G君の事例を通して民泊の重要性が腑に落ちました」（坂倉）

このようにして、木島平村の事例から得られた「一対一の関係を育てるには、日常の場に身を置く体験が重要」という仮説は、佐賀市支所のプログラムに参加したGのケースにも当てはまることがわかった。地域の人の自宅に宿泊させてもらう「民泊」を経験したことで、Gは、宿を提供してくれた杉町の雰囲気やふるまい、癖などを通して、杉町の好みやこだわりまでつかむことができた。その意味について坂倉は以下のように考えている。

「G君にとっては、まさに杉町さんの生き方に触れる体験だったんですね。この貴重な体験を通して、Ｇ君は簡単には言語化できない杉町さんの価値観を知ることができたのです。

これから社会に出る段階にある大学生にとって重要なものの一つに、『生き方の体験』があると思うんです。ところが、実際には働いている大人の生き方に触れる機会は限られている。Ｇ君のような体験ができる場を提供することは重要だと考えました」

こうして、アドバンスド編のプログラムは、「生き方の体験」を提供することをメインのコンセプトにすることが決まったのだ。

地域ではなく対象者の生き方に光を当てる

では、生き方を体験できるプログラムをどのように構成すればいいのか？　社会連携推進室内で出た意見が「対象となる人を一人に限定して、その人に会いに行くことを目的にしたらどうか」というものだった。対象者の仕事ぶりや生活の様子を見るだけでなく、その人が大切にしていることや、こだわっていることを理解することを目的とする。その結果として、その人が生きている地域についての理解も、自然と深まっていくという内容だ。

前述の佐賀市支所との連携事業のねらいは、東京で学ぶ佐賀県出身の学生が、地元の地域資源について改めて学ぶ場を提供すると同時に、若手漁業者との関係を深めることだった。これを、提案されたプロジェクトでは次のように変えようというわけだ。一人の漁師にフォーカスを当て、学生はその人の生き方に触れることをめざす。その過程で、漁業体験も可能だし、フォーカスを当てた漁師の目を通して、地域の漁業の現状についても理解が深まる。

つまり、ターゲットを一人に絞ることで、表層的な理解で終わってしまう可能性を回避し、その人と、その人が生活する環境、コミュニティが持つ価値観に触れる仕組みを考えた。さらに言うなら、一人の人間が生きる環境を通して、特定の人物を多角的に捉えることでもある。よって、あえて「対象者（ターゲット）」を一人に絞る形で、新プログラムを開発することにした。

ここで「対象者（ターゲット）」という言葉を使ったのは、学生にとってプログラム期間中、意識を向ける対象となる相手という意味である。対象者を一人にしぼることで、生き様にまで迫ることができ、価値観の対比を通して自己理解にも近づけるのではないかと考えたのだ。

「ほかにも、対象者は一次産業に従事されている方を中心に選ぶことに決めました。理由は、杉町さんのように、自然を相手に、ご自身の責任と判断で日々仕事をされている方の方が、学生にとって理解しやすいと思ったからです。

また、対象者の方には、『できれば、学生をそばにおいてください。また、食べさせてください。そして、部屋の隅でいいので寝させてください』と依頼することにしました。G君のように短期間であっても生活を体験させてもらうことで、対象者の方の生き様に迫ることが可能だと考えたからです」

対象者への謝礼はどうするか？

次に議論されたのは、対象者への謝礼をどうするかという問題だった。佐賀市支所のケースでは、学生を受け入れてくれた杉町は全くのボランティアだった。学生にとっては、民泊自体、滅多にない特別な体験である。一方、杉町は、初対面である学生三人を、早大生だからという理由だけで受け入れたのだ。当然、この点は、プログラムの前に学生たちに伝えられていた。学生は「貴重な機会だから無駄にしてはいけない。少しでも多くのことを学ぼう」と考えたはずだ。

この後の会議では「ボランティアで受け入れてもらったことが、学生にとってプラスに働いたのでは？」という意見が出た。逆に謝礼を参加費に乗せて支払うことにした場合「学生は、『お金を払っているのだから』という意識になるため、『食事の内容がよくない』といったプログラムの内容や、サービスに対するクレームが出る可能性もある」といった意見が出たのだ。

このような議論を経て、アドバンスド編のプログラムは、一人の対象者の生き方に触れることを目的とすること、対象者には、可能な限り民泊を依頼する一方で、謝礼なしで食費などの実費だけを支払う形で学生の受け入れを依頼することが決まった。

一般常識からすると、あり得ない依頼である。それでも、一歩踏み出す段階に達した学生に、働く大人の生き方に触れ、生き様にまで迫ることができる場を提供するために、社会連携推進室のメンバーも一歩踏み出す決意をしたのだ。

協力者をどう探すか？

まず考える必要があったのが、このような条件のプログラムを引き受けてくれる協力者をどのように探すかであった。前例となった佐賀市支所の杉町には依頼ができても、プログラムの参加者数を少しでも増やすためには、一人では少なすぎる。ほかの協力者を見つける必要があった。

「思いついたのは、友廣裕一さんでした。友廣さんなら、学生の受け入れをお願いできる方を紹介してもらえるのではないかと考えました」

早稲田の卒業生でもある友廣裕一は、２０１１年に一般社団法人つむぎやを設立。人と人の関係を〝つむぐ〟ことで、新たな仕事をつくりだすことをめざして働いていた。

「友廣さんは、社会連携推進室が運営を担当した墨田区食育推進計画改定のためのワークショップ（２０１１年10月開始）にファシリテーターとして参加され、これが縁となり、接点が生まれたんです。

友廣さんから、震災直後にエリアマネージャーとして宮城に入ったことや、一緒に仕事をした仲間の話を聞かせてもらって、彼の人脈の広さに驚きました。それだけでなく、つながっている方が皆さん『人のために、自分ができることをする』という思いをもっていることに感銘を受けました。さらに話を聞くうちに、友廣さんが『ムラアカリをゆく』という活動をしていたことを知りました。この人にお願いすれば、新プロジェクトの対象者として相応しい方を紹介してくれるはずだと考えたんです」(坂倉)

自分の役割を育てていけばいい

友廣は、大学卒業後、自分の目で農村や漁村の現実を知るために、人の縁だけをたよりにして全国70カ所以上の地域を巡った。彼は、この旅を「ムラアカリをゆく」と名づけた。その理由は、限界集落と呼ばれる地域にも、必ず「アカリ」があるはずだと考えていたからだ。そして、その地域で暮らす人に寄り添うことで「アカリ」を見つけられれば、閉塞感のある土地でも未来を照らし、前に進むきっかけになるのではないか、そして、自分がやるべき仕事も見えてくるはずだと考えたのだ。

一般社団法人つむぎや　友廣裕一

友廣は、まず富山に住む知り合いの自宅に宿泊させてもらうことにした。それ以外は何も決めず、その人が紹介してくれた人を次に訪問する。その繰り返しだ。できるだけ多くの人の暮らしに出会うために宿泊施設は利用せず、「自宅に宿泊させてください」と依頼する。断られた場合は、寝袋を使えば良いと覚悟を決めた。当時の思いを友廣は、次のようにふり返る。

「自分には何の特技も専門性もないので、せめて『友廣というヤツに会ってよかったな』と思ってもらえるように、目の前の方に真剣に向き合うことに決めました。農村では草刈り、牧場では牧舎の掃除をひたすらしました。夜は、その方が話をしたいと思ってくれる限り、ひたすら話を聞きました。

旅の間、何百もの人に会いました。全部楽しかったですよ。自分の旅について話をすることより、ひたすら聞き手役に徹することが多かったですが、それがすごく楽しかったです」

地域に根ざして生きている人の生活の場に入れてもらい、じっくり話を聞かせてもらう。そのうちに、その地域ならではの、その人ならではの「アカリ」が見えてくることが、友廣にとっては楽しい体験と感じられたのだ。

「全国いろいろな場所に行きました。でも、地域に行くという意識は全くなくて、あくまでも、人に会うための旅でした。ご自宅に何日か宿泊させてもらって、夜、話を聞かせてもらっていると、ポロッと本音が出てくることがあるんです。たとえば『都会の人が参加するツアーをやりたい』という相談をされたときには、旅が終わった後、仲間を十人ほど連れていきました。その方も仲間も、すごく喜んでくれて。僕も楽しかったです。もともと地域と都市をつなぐ仕事をしたいと思っていたんですが、『これなら自分にもできるかもしれない』と。目の前の方が困っていることや、やりたいことがわかったことで、自分ができることもわかってきたんです。『自分の役割を育てていけばいいんだ』と気づいた瞬間だったと思います」

友廣が自分の役割を見つけられたのは、相手の本音を聞くことができたからだ。そして、本音を聞くことができたのは、相手と一対一の関係を築くことができたからである。つまり、それができれば、自然と自分が果たすことができる役割も見えてきて、自分の力で役割を育てることができるのだ。この気づきが、後に「人と人の関係を〝つむぐ〟ことで、新たな仕事をつくりだす」という友廣の「役割」に育っていったのである。

このように友廣は、人に会うための旅で、民泊を体験しながら、宿泊先の相手と一対一の関係を構築する体験を通して、将来の仕事につながる深い気づきを得てきた。まさに、社会連携推進室が開発をめざすアドバンスド編のコンセプトを理解した上で、学生を受け入れてくれる協力者の紹介を依頼する相手として最適だったのだ。

同じような体験を後輩にもさせたい

社会連携推進室の打ち合わせに参加した友廣は、坂倉と伊藤から、アドバンスド編のプログラムのコンセプトについて説明を聞いた。

プログラムの目的は、働く大人の生き方に触れる体験を学生に提供すること。参加した学生は、プログラム期間中一人の大人に密着する。この趣旨を理解して、学生を受け入れてくれる協力者には、できれば学生を自宅に泊めて食事も用意してほしい。また、謝礼なしで、食費などの最低限の必要経費のみで受け入れをお願いしたい。

加えて坂倉は、なぜ友廣にこの依頼をしようと思ったのか理由を説明した。

プログラムのメインターゲットは「沈黙する学生」であるため、他者とのつき合い方や、他者とのコミュニケーション力が身についていない可能性が高い。そのため「学生を育てる」という気持ちで接してくれる人に協力をお願いしたい。しかし、社会連携推進室だけで条件を満たす協力者を探すことには限界がある。そこで「ムラアカリをゆく」を経験した友廣に、協力者の紹介を依頼したい、と。

さらに坂倉は、あえて本音に近い部分も友廣に打ち明けた。

「大学として学生にプログラムを提供する以上、安心して学生を任せることができる人を探したいと考えていました。また、プログラムの目的が生き方に触れることなので、日常生活や働いているところをできるだけ学生に見せていただきたいし、学生が質問したり、思ったことを口にしたりしやすい方にお願いしたいという思いもありました。

友廣さんには、私たちの考え方や思いを包み隠さず伝えました。その上で、『友廣さんが、〝この人なら〟と思える方を紹介していただけないでしょうか』とお願いしたんです」

坂倉の話を聞いた友廣は、ちょっと考えてから「何人か、お願いできそうな人がいます」と答えたという。

では、なぜ友廣はその場で坂倉の依頼を受けることを決めたのだろう？

「坂倉さんが考えていることや思っていることを聞くことができたのが大きいと思います。謝礼金を払って行う一方的な受入プログラムには興味がなかったのですが、人と人とがちゃんと向き合うというコンセプトに共感したこと、そして、もともと自分と同じような体験を後輩にもしてほしいという思いがあったので、いい機会だと思ったんです」

打ち合わせが終わった後、友廣は、改めて誰に依頼するかを考えたという。

「最初に考えたのは、『学生と年齢が近い人がいいだろう』ということでした。相手の年齢が高すぎると、お互いの間ですりあわせができるまでに時間がかかってしまう。年齢が近ければ、コミュニケーションも成立しやすいし、協力してくれる人の価値観にも共感しやすいだろうと考えました。

もう一つ考えたのは、『ポジティブな人』です。その地域で生きることをしっかり受け止め、前向きに生きている人がいいだろうと。もしも、そういう決意がない人に会いに行ったら、学生もその人に迫りがいがないと感じると思いました」

友廣は、二つの基準に照らし合わせて人脈をふり返り、二人を対象者として絞り込んだ。早速、友廣は二人に電話を入れた。依頼の概要を説明した上で、友廣自身の思いを伝えた。それは、次のような内容だった。

「東京の学生は、地域で根を張って働いている大人に出会う機会がないので、働くことに関する価値観が画一化していると感じる。そういう学生が、地域で力強く、哲学をもって生きている人と出会うと価値観の幅が広がり、『こういう生き方もあるんだ』と勇気がわいてくると思う。自分も『ムラアカリをゆく』でそういう体験ができたから、今がある。同じような体験を、ぜひ後輩にもさせてほしい」

二人の返事は「ＯＫ」だった。この二人は「ムラアカリをゆく」がどのような取り組みだったかを理解していた。だからこそ友廣の説明を聞き、友廣の思いを理解して、プログラムに参加する学生の受け入れに協力することを了解してくれたのだ。

このようにして、難題だった協力者探しは、友廣の縁をシェアする形でスムーズに進み、まずは対象者を二人確保できたのだ。

学生のニーズはいろいろ、地域だけでなく中小企業の経営者も

このように２０１３年度の有明漁協佐賀市支所のプログラムの成果から、アドバンスド編のコンセプトが固まり、さらに友廣の協力で「対象者」の候補も見つかった。しかし社会連携推進室内の打ち合わせでは、「対象者」は地域の一次産業従事者だけでは不十分ではないかという声が出た。

「対象者の生き方に触れる」というプログラムに興味をもった学生がいたとしても、対象者が一次産業の従事者だけだったり、選択肢が地域しかなければ「地域」というキーワードが逆に作用し、参加をためらう学生が出てしまう可能性がある。よって、企業で働く人も加える必要

があるのでは、という意見だった。

このとき坂倉の頭の中に浮かんだのは、りそな総研との連携事業として行われた異文化交流セミナー（2章に記載）だ。このセミナーでは、まず、用意されたケースを元に早稲田大学で学ぶ外国人学生（留学生）と経営者がディスカッションを行う。その後、テーマに関連する企業を見学して、その社長や幹部から話を聞く。最後に、見学でわかったことを踏まえ、再度、経営者と留学生でディスカッションを行うというものだ。

すでに説明したように、このプログラムは、2013年の秋に行われた教務部集中討議で、職員だけで教育的な効果があるプログラムが実施された点が評価された。

りそな総合研究所副社長（当時） 藤田淑郎

「2010年に、りそな総研から連携のご提案をいただいてから、学生にとって少しでも学びの機会になるようプログラムを見直しながら、先方と協力して運営してきました。もちろん、中小企業の経営者と一緒に課題に取り組むことは、それだけで留学生にとって意味があると考えていました。でも、集中討議で出た感想を聞いて、経営者の生の声に触れることが、学生の学びにとって重要な機会になることを自覚しました」

坂倉は、このプログラムだけでなく、中野区との連携からスタートした中小企業経営者向けの「次世代リーダー育成塾」の運営に関わる過程でも、多くの経営者と接してきた。

「中小企業の経営者は、業績だけでなく、従業員の採用や育成、今後の事業展開、地域との関係など、同時にいくつものことを考え、常に学び続けていることを知りました。それは、ご自身の責任で判断する必要があるからです。

本学の学生が中小企業に就職する割合が少ないのは事実です。しかし、自身の責任を果たすためにいくつものことを考え、学び続けている経営者の仕事ぶりや生き方に触れることは、学生にとってとても意味がある体験だと考えました」

こうして、地域の一次産業従事者を対象者とする〃地域系〃のプログラムだけでなく、中小企業の経営者を対象者として、学生がその対象者に密着する〃企業系〃のプログラムも開発することに決まった。ただし、首都圏の中小企業経営者に学生の宿泊を依頼するのは現実的でないと判断し、自宅から通う形で実施することにした。一方、謝礼なしで依頼する点は、〃地域系〃と共通にした。

対象者の候補選定あたっては、りそな総研副社長（当時）の藤田淑郎に新しいプログラムのコンセプトを話した上で、適切な経営者を紹介してもらうことになった。

「藤田さんからは、同時に、ご本人に依頼する際は、『先方にとってのメリットも同時に説明するとよい』というアドバイスもいただきました」（伊藤）

その一つが、早稲田大学のＨＰや、広報紙などで取り組みの概要と、協力してくれた企業名、経営者の名前を広報するというものだ。

「経営者の中には、『プログラム中の様子を撮影して、facebookにアップしてもいいですか？』と質問される方もいます。もちろん、『問題ありません』とお伝えしています。仕事以外の取り組みをアピールできることをメリットとして感じてくださる経営者の方は、かなり多いと感じました」

こうして、地域の一次産業従事者と中小企業の経営者を対象者として、働き方だけでなく生き方にも触れながら、生き様にまで迫ることをめざす「アドバンスド編」のプログラム『つながる』の概要が決定した。２０１３年11月末のことだった。同年の９月に行われた教務部集中討議で新プログラムの開発が決まってから２か月間で、ここまでこぎ着けることに成功したのだ。

単なる体験でなく、生き様に迫るプログラムだから

翌月12月の初旬、坂倉は、教務部長の大野髙裕（当時）に新プログラムの概略を説明して、自分たちが考えた方向性に問題がないかを確認することにした。

◉約６割を占めると言われている「沈黙する学生」に対して、入門編の『踏み出す』とアドバンスド編の『つながる』の二つのプログラムを開発する。

◉入門編の『踏み出す』では、バックグラウンドの違う学生間の交流を図り、個と個の関係をつくることで、他者を理解することの導入的体験をさせることをめざす。
◉その後、キャンパス外で他者の価値観に触れる体験をさせるために、アドバンスド編の『つながる』を提供する。このプログラムでは、働く大人の生き方に触れ、その生き様にまで迫ることをめざす。学生が迫る「対象者」は、学生の志向に合わせて二つのバリエーションを用意する。一つは、地域の一次産業従事者、もう一つは、中小企業の経営者を予定している。

一通り坂倉の説明が終わったところで、大野が言葉を発した。『つながる』についての質問だった。

「それは、体験プログラムなの？　学生に農業体験や、仕事の体験をさせることが目的なの？」

「いえ、違います」と坂倉は答えた。

「それじゃあ、インターシップとはどう違うの？」

「このプログラムでは、仕事の現場を見せてもらったり、手伝いもさせてもらったりします。でも、そういう体験をさせることが最終目的ではありません。めざしているのは、対象者の生き方に触れ、生き様にまで迫ることです。現場を見せてもらったり、作業を体験させてもらったりするのは、そのための手段なんです」

坂倉の言葉を受けた大野は、少し間をおいて口を開いた。

「わかった。働く人の生き方に触れて生き様に迫ることは、今の大学生にとって重要な経験だと思う。そういうプログラムを本気で開発する覚悟があるなら応援するよ」

このとき、大野は、なぜこのような発言したのか。大野は、当時のことを次のようにふり返る。

「坂倉さんの話を聞いて、最初は、インターンシップと同じ内容なのかと思いました。これはあくまでも私見ですが、インターンシップは、就労体験という要素がクローズアップされすぎていて、学生が深く考える機会になっていないことが多いような気がします。新しいプログラムも、就労体験が目的であれば、社会連携推進室で開発を進める必要はないと考えました。

でも、話を聞いているうちに、働いている人の生き様とか、その人の奥にあるものを自分なりに見出すことをめざしていることがわかりました。参加した学生が『そうか、この人はこういう人なんだ』と気づけば、次に『それじゃあ、自分はどうなんだろう?』と、対象者と自分を対比すると思うんです。コンセプト通りにプログラムを開発できれば、学生にとって自分を見つめる機会になる。非常に意味があるプログラムだと考えました」

大野は、学生の意識を変えるだけでなく、行動を変えるきっかけになる機会を与えることが大切だと考えている。

「そのためには、体験が必要だと思います。たとえば、グローバル化について専門家に話を聞けば、学生は『グローバル社会で活躍できる能力を伸ばす必要がある』と言うでしょう。でも、その言葉を聞いた学生が「ああ、そうか」と行動に移すとは限りません。

一方、たとえばゼミの中に留学生がいて、その留学生とコミュニケーションが十分にとれないという経験をすれば、語学の勉強をするようになるというのは、容易に想像できます」

大野は、2010年に教務部の部長となって以来、社会連携推進室が関わるプログラムに注目してきたという。

「社会連携推進室のメンバーは、社会が大学に期待する役割の変化を把握しつつ、これまでの活動を通して関係ができた学生からのヒアリングの内容も踏まえて、さまざまなプログラムをつくってきました。共通しているのは、参加した学生がキャンパス外での体験を通して、自分を見つめ直す機会を提供することです。

その『体験』をした学生が、確実に変わっていく様子を見せてもらったり、報告を受けたりしてきました。そういう経緯があったので、新しいプログラムも、新たな『体験』を学生に提供できるプログラムになるはずだという確信がありました」

自分を見つめ直す機会の重要性については、日本キャリア教育学会会長を務める、早稲田大学大学院教職研究科教授、三村隆男も強調する。

「学生が自分自身の生き方、キャリアを考える際に大切なのは、自己理解です。自己理解には、いろいろな側面がありますが、特に重要なのは、自分の足りない部分に気づくことです。するると、足りない部分を伸ばすために、新しいことにチャレンジするようになる。つまり、足りないところに気づくことは、強力な動機づけになるのです」

三村は、学生が足りない部分に気づくためには、他者にフォーカスする体験が重要だと指摘する。

「学生が、自分の将来の生き方を考え、進路設計を行うためには『進路情報』が必要です。他者の存在は、この進路情報を発信する原点のようなものです。そのため、学生が他者の働き方を見たり、他者とコミュニケーションをとったりする経験をすると、進路情報を得ることができます。同時に、他者の存在が刺激となるために、『この人は努力を重ねて技術を身につけたんだな。それに比べると、自分は努力が足りない』と自己理解を深めることができるんです」

社会に出る準備段階にある学生にとって、進路情報を得て自己理解を深めることは非常に重要なのだ。この点については、大野も同じ認識だった。そのため坂倉が報告した新プログラムのコンセプトについて、OKを出したのである。

対象者の候補選定に職員の地縁も活用

大野の了解が得られたところで、入門編『踏み出す』とアドバンスド編『つながる』の細部の詰めがスタートした。そして翌年の3月、正式に実施が認められ、入門編とアドバンスド編の二つのプログラムで構成される『一歩』が誕生したのだ。

アドバンスド編の『つながる』は、「対象者」の働き方を含めた生き方に触れるプログラムである。そのため、学生にとって迫りがいがある対象者を選ぶことがカギになる。

「もちろん、大学として学生に提供するプログラムなので、対象者は信頼できる方であることが大前提です。また学生を温かく受け入れて、しっかり向き合ってくださる方にお願いしたいと考えました」（坂倉）

先に記した通り『つながる』は、学生の志向を考慮して二つのバリエーションを用意することになった。首都圏の中小企業の経営者を対象者とする〝企業系〟のプログラムと、地域でがんばっている人を対象者とする〝地域系〟だ。

ここから先は、〝地域系〟のプログラムで、どのように対象者を選定したかについてフォーカスを当て、話を進めていきたいと思う。

まず候補に上がったのが、有明漁業協同組合佐賀市支所の杉町と、友廣からの紹介による以下の二人だった。

・松橋拓郎（秋田県大潟村、大潟村松橋ファーム）
・小林恭介（東京都新島村、新島村ふれあい農園・当時）

さらに、社会連携推進室の伊藤の地縁をたどることで、次の2名も候補に上がった。

・小田島修平（新潟県糸魚川市、株式会社小田島建設）
・渡辺吉樹（新潟県糸魚川市、合名会社渡辺酒造店）

その後、この五人に正式に協力を依頼し、2014年夏（第一回）の実施が決まった。もともとのつながりだけでなく、卒業生である友廣の紹介、さらに社会連携推進室のメンバーの地縁を活用することで、「可能な限り民泊を依頼する一方で、謝礼なしで食費などの経費だけを支払う形で学生の受け入れを依頼する」という一般常識ではあり得ない依頼に対して、五人からOKをもらうことに成功したのだ。

自らの足で地域を回り、一対一の関係を築いてきた友廣のような人物とつながりをもつことは思いたってすぐにできることではない。一方、職員の地縁を活用する方法であれば、その気になりさえすれば実践が可能だ。そこで、伊藤がどのように地縁を活用して二人の候補を見つけることに成功したのか、そのプロセスを見ていくことにしよう。

地縁をどのように活用したのか？

2013年9月の教務部集中討議で、新しいプログラム開発が決まった直後、伊藤は坂倉から「（新潟県）糸魚川市の資源を活用して、新しいプログラムをつくってみませんか？」と声をかけられた。

同市は、伊藤の父や祖父が生まれ育った場所である。同時に、早稲田大学校歌の作詞者である相馬御風《そうまぎょふう》の故郷でもある。御風は、早稲田大学文学部哲学科卒業後、詩歌や評論のほか、多くの学校の校歌や「春よこい」などの童謡の作詞を手がけた。故郷の糸魚川市に戻った後、良寛の研究を行いながら童話や童謡も発表した。その功績から郷土の文人として尊敬され、御風の資料が展示されている「糸魚川市歴史民俗資料館」は、通称「相馬御風記念館」と呼ばれている。

坂倉は、大学と深いつながりがある糸魚川市との地縁を活かすことで、新たなプログラム開発の手がかりをつかむことができるのではないかと考えたのだ。

坂倉の提案を受け、伊藤は可能性を探ることにした。

「このときはまだ『つながる』のコンセプトが固まっていなかったので、木島平村のプログラムのように糸魚川市内の過疎地域でフィールドワークを行うことや、佐賀市支所との連携事業のように地域で働く方に焦点を当てるプログラムをつくれないかと考えていました。

まずは、こちらの趣旨を理解して力を貸してくださる方を探すために、実家の菩提寺である金蔵院のご住職に電話を入れて相談してみることにしたのです」

金蔵院は、糸魚川市の中心部から車で15分ほどのところにある根知地区に建つ千年以上の歴史がある寺である。伊藤の曾祖父が根知地区に住んでいたこともあり、伊藤の実家は現在でも金蔵院の檀家である。伊藤は、子どもの頃、夏休みに金蔵院にお参りに行った思い出があるという。

「ご住職の山崎英俊さんに電話を入れると、すぐに私のことを思い出してくれました。まずは、自分が、早稲田大学の職員として働いていることや、学生向けのプログラムの開発を担当していることを説明しました。その上で、『学生を糸魚川に送り込んで、新たなプログラムをつくりたい。ついては、学生の受け入れに協力してくださる方を紹介してもらえないでしょうか？』とお願いしました」

伊藤は、自分がイメージする取り組みの具体例として、木島平村や佐賀市支所との連携事業について説明した。そして佐賀市支所の取り組みのように数日間密着させてもらい、仕事を見せてもらうだけでなく、できればその方の生活の場にも入れてもらいたい。そういう依頼に対して協力してくれそうな人を紹介してほしいという内容だった。

金蔵院住職　山崎英俊

伊藤の依頼に対して、山崎は、その場で小田島と渡辺を紹介してくれた。当時をふり返って、山崎は次のように語る。

「伊藤さんから、『学生にとって勉強になるだけでなく、学生がお世話になることが、根知の皆さんにとっても少しでも役立つような方向で考えたいと思います』という説明があったので、それならば協力させていただこうと思いました。

この寺は、私個人のものではありません。地域の方に役立つことで自分ができる範囲のことは、ご縁がある伊藤さんに限らず、どんな団体でも、また個人の方にも協力するのが寺の務めだと考えています。それに、この地域のことを少しでも多くの方に理解してもらうことは嬉しいことですし、体験された学生さんと将来何らかの形で縁がつながる可能性もあります。種をまくという気持ちで、お手伝いさせていただこうと思いました」

その一方で、山崎は、「大学生に都会ではできない体験をさせたい」というねらいに賛同していたわけではなかった。

「最近、小学校だけでなく、中学校や高校でも体験授業を実践していると聞きます。これだけたくさん体験授業をしているのに、大学生になっても体験をする必要があるのかと、正直なところ、個人的には疑問に思いました。

伊藤さんは、『子どもの頃から偏差値に追われてきたような最近の学生は、昔と比べると圧倒的に経験の量が少ないので、大学でもこういうプログラムをつくる必要があるんです』と丁寧に説明してくれました。たしかにそういう傾向があるのでしょうが、この年齢になると、簡単には自分の考え方は変わらないんですね」

それにもかかわらず山崎は、こうした考え方を「あくまでも個人的な見解」として、寺の住職としての役割を果たすことを優先したのである。

「今後もこの寺が生き残るためには、地域の皆さんに役に立つことをするしかないと思っています。地域の人から必要とされなくなったら、寺は存続できません。お世話になっているこの地域の方に恩返しするためにも、今回のように地域のために少しでも役立つ可能性があると思えるお話には、できる範囲で協力することが私の仕事だと思っています」

山崎は、「ご縁がある伊藤さんに限らず、どんな団体や個人でも協力する」と語ったが、仮に依頼者がどういう人間かわからなかったとしたら、話が進むのにもっと時間がかかっただろう。このケースでは、伊藤の実家が檀家であるという深い縁があったからスムーズに話が進んだのだ。

同時に、山崎の寺の住職としての使命感にも支えられて、伊藤は、二人の協力者を紹介してもらうことに成功した。

成功した三つのポイントとは？

翌日、伊藤は、山崎から紹介された小田島と渡辺に電話を入れた。

「お二人とも『ご住職から話を聞いていますよ』と、非常に好意的でした。私の『そちらに伺って、直接お願いをさせていただきたい』という依頼に、『構いませんよ』と言ってくれました。おそらく『何の話に来るんだろう？』と感じられたと思うんです。それでもOKをもらえたのは、ご住職からの紹介があったからだと思います」

10月末、伊藤は糸魚川に足を運び、山崎から紹介された二人を訪問した。伊藤は、佐賀市支所との連携事業を念頭にプログラムのイメージを説明し、学生の受け入れを依頼した。

「お二人とも、『時間に余裕がある時期なら構わない。協力しましょう』と了解してくださいました。

ほかにも、小田島社長には、『できれば市長をご紹介いただけないでしょうか？』と筋違いなお願いもしました。実は、ご住職から『小田島社長は糸魚川市長とつながりがある』と聞いていたんです。このお願いについても、快くご了解いただきました」

伊藤がこの依頼をしたのは、これまで地域でプログラムの運営をしてきた経験があったからである。たとえ連携先が行政組織ではない場合でも、地域で連携事業を進めるときには、行政にも協力を要請することが重要である。さらに、行政に話を持ち込む際には、できる限り首長に話をする方がスムーズに進む。こうした経験を積んでいたので、伊藤は、小田島に市長の紹介を依頼したのだ。

伊藤のケースがスムーズに進んだポイントは、第一に寺の住職という地域のキーマンに協力者の紹介を依頼したことである。その結果、伊藤は短期間のうちに地域でがんばっている二人にアクセスすることができた。

伊藤の場合、たまたま地域のキーマンとの強いつながりがあった。仮に、つながっているのがキーマン以外の人だった場合は、その人に地域のキーマンを紹介してもらう方法がある。その地域内でつきあいの範囲が広い、いわゆる顔が広い人物の紹介を依頼すればよいのだ。

第二のポイントは、山崎に対して、プログラムのイメージを極力、具体的に伝えたことだ。

過去の事例を使って説明したことで、山崎は、どのような人物を紹介すればいいか、イメージを描くことができたのではないだろうか。

第三は、実際に現地に足を運んだことだった。相手を目の前にすれば、相手の反応を探りながら説明ができるし、こちらの熱意も伝えやすくなる。さらに「時間と経費を使って説明をしに来てくれた」という印象を先方に与えることができる。

対象者にどのように説明したのか

伊藤が糸魚川を訪問した5か月後、2014年3月、新プログラムの実施が学内で正式に認められた。そして、『つながる』の候補者に、新プログラムの概要を説明して、対象者（ターゲット）として協力を依頼するための作業がスタートした。

では、坂倉たちは、候補者に対してどのような説明を行ったのだろうか?

第一は、『つながる』の学生像と、その学生に対して、どんな体験を提供したいと考えているかについての説明である。具体的には次のような話をしている。

早稲田には、海外留学や起業をする学生もいる。その一方で、キャンパス外での学びが必要だと言われても、自分のこととして捉えられない学生も存在する。

キャンパスの外に出ていく機会がない学生は当然、多様な大人との出会いを体験することができない。そこで社会連携推進室は、地域でがんばっている大人の働き方だけでなく、生き方に触れる体験の場を提供することを決めた。

第二に、なぜ、このようなプログラムを提供する必要があるのかについて、時代背景を含めて次のような説明をしている。

大学進学率が増加するにつれ「とりあえず大学に行っておこう」と考える若者の数も同様に増えている。偏差値を基準に進学する学生が増えているのも事実だ。将来どんな仕事をしたいのか？　そのために何を学ぶのか？　こうしたことはほとんど考えたことがなく、就職活動の段階で、はじめて考え始めるケースも多い。このような状況からすると、大学のプログラムとして、できるだけ早い時期に進路について考える刺激を与える必要があると判断した。

坂倉によると、この2点を候補者に説明すると、プログラムの趣旨について理解してくれることが多いという。しかし中には、腑に落ちないという反応の場合もある。そういう場合、坂倉は、あえて個人的な体験を語るようにしている。

「私の息子も大学受験中です。高校1年から塾に通い、実際にその大学に行ったこともないのに偏差値だけで受験校を決めました。早稲田でもそういう学生が増えているので、『あなたは、どう生きていくの？』と問いかけていく必要があるんです。でも、それをキャンパスの中だけで実行するのは無理です。これまでに接したことがない大人、それもがんばって働いている大人に触れる体験が必要だと思うんです」

また、子どもたちが育つ環境が変わったことで、子どもたちが、以前は自然に身につけていた力が、身についていないことを説明するために、次のような話もする。

「息子が小学校の頃、学校から、ランドセルや傘に名前をつけないように指導されました。名前を見た不審者が本名で呼ぶと、その子は安心して、不審者に気を許してしまう可能性があるという理由でした。その意味では『知らない人を見たら疑いなさい』と教えてきたんですね。ところが、社会に出たら今度は一転して職場内や取引先の人と信頼関係を構築する力が求められる。そういう力を伸ばすには、どこかの段階で、自分を受け止めてくれる他者との出会いが重要だと思うんです」

このように自分の体験に基づいた話をすることで、候補者は『つながる』というプログラムの必要性について理解が深まる。そして、必要性があると理解すれば、自然と「できる範囲で協力しよう」という気持ちになるのだ。

リスクも合わせて説明する

ほかにも、候補者に説明する際に注意した点は、リスクについてもしっかり伝えることだ。『つながる』は、『踏み出す』と同様、公募で学生を集めている。プログラムに参加を希望する学生は、志望動機を記入し、オリエンテーションに出席するだけでよい（詳しくは5章参照）。そのため、社会連携推進室のメンバーにとって、ほぼ初対面の学生を送り出すことになる。さらに、プログラム期間中は対象者（ターゲット）にプログラムの進行を任せ、推進室のメンバーはごく一部しか立ち会わない。この点について、詳しく説明した上で、次のように伝えているという。

「事前に実施するオリエンテーションで、学生にプログラムの趣旨を伝え、現地でやるべきことをしっかり説明します。また、『対象者（ターゲット）の方に会ってみたい』という気持ちが強くなることをめざしたワークも行います。

しかし、こちらに伺った際に、問題がある行動や発言をする学生がいるかもしれません。そういう場合には、遠慮なく注意していただきたいですし、必要があれば、ぜひ叱ってくださ い。それでも言動や態度が変わらないときは、お手数ですが、私たちにご連絡をいただけないでしょうか。可能な限り早くお伺いして、対処させていただきます」

そのほかにも、『つながる』は大学主催で実施するプログラムであるため、覚書への捺印も依頼している。覚書には「秘密保持」「個人情報の保護」「実習生（学生）の安全配慮等」「事故対応」「実習生の損害賠償等」などについて、お互いの間の取り決めが明記されている。

合わせて、大学は学生の受け入れに関して謝礼を支払わず、学生の宿泊を依頼したときのみ、食費などの経費を支払うという形で進めることも確認している。

説明を進める際のポイント

説明の際に必要な第一のポイントは、臨機応変である。坂倉は、その理由について次のように考えている。

「候補者は、初めてお会いする方です。また、『地域で働く人に触れて、生き様に迫る』というプログラムの目的が、あまり一般的でないこともあって、説明に苦労することが多いです。説明の段取りを決めておいても、その通りにならないことがほとんどです。

職員として通常行っている事務的な打ち合わせでは、段取りが大切だし、ある程度はその通りに進めることが可能です。だから最初の頃は、何の疑問もなく段取り通り進めようとしたこともあったのですが、すぐに、相手に合わせて臨機応変に説明を進める必要があると気づきました」

では、そのためには何が大切なのだろう？

「相手の反応を確認しながら進めることです。特に自分が話をしているときは、相手の反応に気づきにくい。そこで、候補者のところに伺う際は二人で行くようにしています。そうすれば、片方が話をしている間、もう一方は候補者の方の反応を確認できます。相手の理解の程度がわかるので、説明の進め方を臨機応変に変えられるんです」

この「二人で説明をする」が、第二のポイントである。そして、二人で説明を行うことには、ほかにもメリットがある。

「二人だと、かけ合いで説明を進められます。一人で説明するのと違って、単調にならずメリハリがつくんですね。その分、候補者の方のプログラムに対する理解が深まって、前向きに協力してくださる可能性が高くなると感じています」

坂倉は、伊藤とペアで説明を行うことが多い。では、実際にはどのような形で進めているのだろう？

「伊藤さんの説明を聞いていて、『不足している部分やわかりづらい部分がある』と感じたときは、私が補足します。同じように、伊藤さんも私をフォローしてくれます。

説明中に、過去のプログラムで撮影した動画（詳しくは5章で説明）を見てもらうことがあります。基本的に、動画の操作は伊藤さんの担当です。伊藤さんは私の説明を聞きながら、ちょうどいいタイミングだと判断したところで、ノートパソコンを取り出して準備を始めます。それに気づいた私は自分の話を止め、『過去のプログラムを撮影してあるんです。伊藤さん、よろしくお願いします』と話をつなぎます」

第三のポイントは、このようにかけ合いの形で説明を進めるためにも、説明に行く二人は上下関係ではなく、フラットな関係でいることである。

「上司が説明をしている間、部下は黙って聴いている。これではダメです。たとえ上司が説明しているときでも、不足している情報がある、またはわかりづらい部分があると感じたときは、それを口にすることが重要です」

さらに坂倉は、説明が問題なくわかりやすくできた場合でも、もう一方が何か思いついたり、感じたりしたら、それが他愛もないことのように思えても、その場で口に出すことが大事だと感じている。

「こちらが発言すると、相手の反応がわかります。特に、候補者の方がどの程度理解してくれているのか、たとえばどの程度乗り気なのかがつかみきれない場合、こちらの説明に対する反応から『この部分を気にされていたんだ』とわかったりすることがあります」

最後のポイントは、プログラムの趣旨について、候補者が腑に落ちたかどうかを確認することである。

「その方の本音が出てきたときや、『この方は、こういう人なんだな』とこちらの心が動くような言葉を聞けたとき、また、それまで資料を見ていたのに顔を上げてこちらの目をじっと見てくれたときなどが、候補者の方が納得された瞬間です。

プログラムの趣旨について理解していただけないと、前に進むことができません。逆に、趣旨さえ理解していただければ、その後の打ち合わせは、メールや電話でも進めることが可能になります」

説明の内容だけでなく姿勢も重要

候補者にプログラムの趣旨を説明するには、説明の内容だけでなく、自分の姿勢も重要であることを、坂倉は自らの体験を通して痛感している。それは、友廣から紹介してもらったA氏に、プログラムの趣旨を説明しに行ったときのことだった。その場にはA氏の配慮で、地域のキーマンB氏も同席していた。

「Aさんは、『友廣さんから聞いていますよ』とフレンドリーな感じでした。次にBさんと名刺交換して、自己紹介をしたんです。するとBさんが『早稲田さんが、一体何をしに来たの？』と質問されたんです。いきなりだったので、一瞬言葉に詰まってしまいました。

なんとか気を取り直して、プログラムの趣旨を説明しましたが、しどろもどろだったと思います。Bさんは難しい顔をして、黙って話を聞いていました。説明が終わったときも、腑に落ちた様子ではありませんでした。Aさんが、『こちらの受け入れ体勢を考える必要がありそうなので、少し検討させてください』と、うまくまとめてくださったおかげで、その場をなんとか乗り切ることができました」

その夜、坂倉は昼間の出来事をふり返った。

「自分の中に、『地域とうまくやれる』という驕りがあったんですね。地域と連携するプログラムに関わってきて、それなりの数をこなしてきたので、地域の方と連携して進めるために必要な力が身についたと思っていたんですね。ところが、これまでの経験がBさんには通用しなかった。どうしてだろう？　と考えました」

心の中を整理して冷静に考えることができるようになるまで、時間が必要だった。

「個人として勝負しないとダメなんだと気づきました。Bさんは、私に本音をぶつけてくれたんですね。初対面の人間がいきなりやってきたわけだから、地域の方が『何しに来たの？』と思うのが当然です。相手が本音をぶつけてくれたのに、私は、個人として勝負ができず、自分の言葉で語ることができなかったんです」

この体験があったからこそ、坂倉は、プログラムの趣旨を説明する場で、自分の体験を語るようになったのではないだろうか。また、一緒に説明の場に立つ社会連携推進室のメンバーに対しても、「思ったことや感じたことがあれば、言葉に出してほしい」と考えるようになったも、このできごとに起因していると思ってよいだろう。初対面の候補者に、プログラムの趣旨を理解してもらった上で協力してもらうためには、説明する側の姿勢も問われるのだ。

もちろん、取り組みに関してわかりやすい説明をする努力も必要である。しかし同時に、その取り組みに対して、自分がどんな思いで向き合っているかについても理解しておくこと、そして、必要なときには自分の思いも言葉にする勇気をもつことが大切なのだ。

この章で起こった「結果」と「成果」

▼主要な登場人物……社会連携推進室の坂倉と伊藤、杉町省次郎、友廣裕一、藤田淑郎、大野髙裕、三村隆男、小田島修平、渡辺吉樹、山崎英俊、学生G、『つながる』に参加した学生たち

▼現場……………佐賀市、糸魚川市

▼起こったこと……『一歩』のアドバンスド編『つながる』は、先行して佐賀市で行われたプログラムの結果を参考に、対象者に迫る内容とすることが決まった。対象者の選定は、友廣裕一と藤田淑郎の協力によって進んだ。同時に、伊藤の地縁をたどることで糸魚川市でも二人の対象者が決まった。

5章 プログラムをミクロに動かす

（『つながる』実行段階）

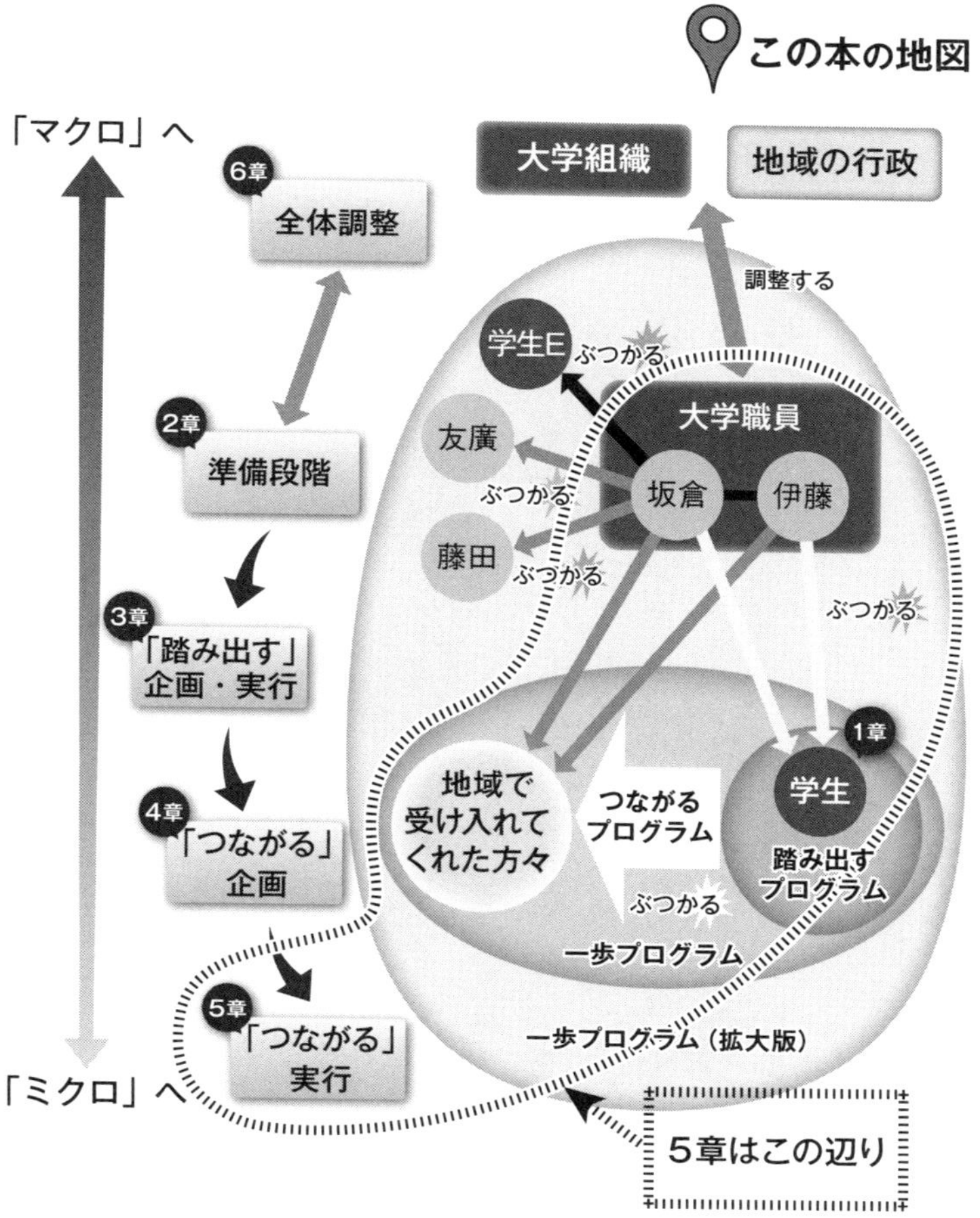

『つながる』の概要

『つながる』の対象者が決まったところで、いよいよプログラムの詳細の詰めがスタートした。まず検討されたのは、『つながる』の二つのバリエーションの名称である。地域でがんばっている、主に一次産業従事者の働き方や生き方にふれる〝地域系〟のプログラムを「chiikiru（地域る）」と名づけ、首都圏の中小企業経営者の働き方や生き方にふれる〝企業系〟のプログラムは、社長のかばんもちをするというイメージから「mochimasu（持ちます）」と名づけることに決まった。

次に検討されたのは、日程の設定である。優先したのは『踏み出す』と同様、学生の参加のしやすさである。実施は夏休みと春休みの2回で、日程は4日間にした。期間が長ければ長いほど気軽に参加することが難しくなるし、逆に短くすると、特に〝地域系〟では対象者にふれる時間が十分にとれなくなる。そこで4日間に設定された。宿泊が伴う〝地域系〟のプログラムでは3泊4日、通いで実施される〝企業系〟では連続4日間、対象者に密着する。

各プログラムの定員は〝地域系〟では四〜六人、〝企業系〟では二人を基本とした。プログラムに参加できる学生の数を少しでも増やすためには、定員を増やす必要がある。しかし数を増やすと、ただ話を聞いているだけの学生が出現して、「対象者の働き方や生き方にふれる」という目的が達成できなくなる可能性がある。そこで〝地域系〟のプログラムでは、同じテーブルを囲むことができる人数に設定することにした。一方〝企業系〟では、首都圏の公共交通機関

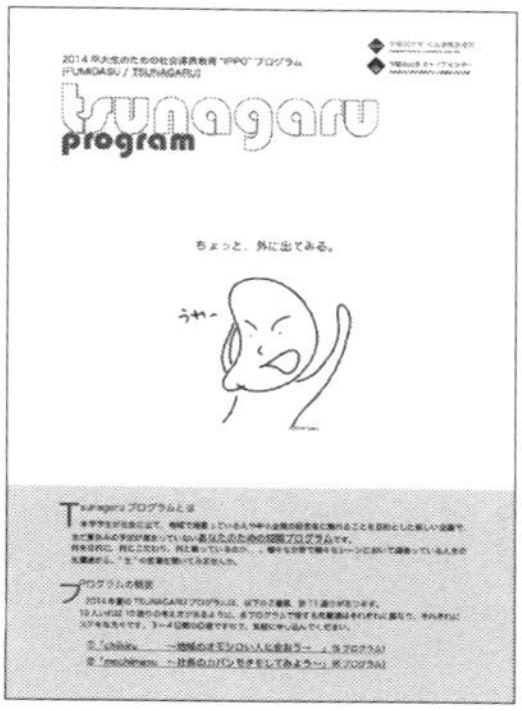

第1回『つながる』チラシ
2014年夏

Tsunagaru プログラムとは

本学学生が社会に出て、地域でがんばっている人や中小企業の経営者にふれることを目的とした新しい企画で、未だ夏休みの予定が埋まっていないあなたのための短期プログラムです。

何を目的に、何にこだわり、何と戦っているのか……。さまざまな分野でさまざまなシーンにおいてがんばっている人生の先輩達から、“生”の言葉を聞いてみませんか。

を利用して移動する経営者に同行したり、打ち合わせや会議に同席させてもらったりすることを考慮して二人としたのだ。

学生の募集は『踏み出す』と同様、公募で行い、告知についてもチラシを活用することにした。キャッチコピーは「ちょっと、外に出てみる」と極端に短縮し、『踏み出す』と同じテイストのイラストを使用して、プログラムのイメージを学生に伝えた。その上で、プログラムのねらいについて上記（枠）の説明を加えた。強調したのは、気軽に参加できる短期プログラムである点と、生の言葉を聞けることだ。

異質な価値観にふれる〝地域系〟の意味とは

『つながる』の二つのバリエーションのうち、〝地域系〟の意味について早稲田大学教務部長で、大学院法務研究科教授の古谷修一は、次のように語っている。

「現在、早稲田の学生の7割が、首都圏と呼ばれる1都3県から入学しています。実は関東という一地方の大学に変化しつつあるんです。そのような学生が、〝地域系〟のプログラムに参加することで、山村や漁村に行き、そこで生き働く人の姿を見ることは、日本がどういう国なのかを知る貴重な体験になると思います。それにも増して、異質な価値観をもつ人とぶつかる体験は、学生にとって非常に重要だと思います。人とぶつかることで、初めて自分の進むべき方向や、自分が何をやるべきか、また、何が欠けているかを理解できるからです。

かつての早稲田大学は、全国の縮図でした。北海道から九州までいろいろな地域出身の学生がキャンパスにいて、お互いにぶつかり合いながら成長してきました。それが早稲田の強みだったのです。ところが、そういう環境が失われつつあります。だからこれからは、キャンパス内の多様性を高めると同時に、キャンパスの外に学生を出していく必要があると考えています。そういう意味では、地域でがんばっている方の働き方や生き方にふれることで、異質な価値観とぶつかる体験ができる〝地域系〟のプログラムは、非常に重要だと思います」

そこで、ここから先も『つながる』の〝地域系〟に焦点を当てて説明を進めていきたい。

『つながる（春版）』のプログラム例

1日目　午後：社内にてオリエンテーション
2日目　午前：地域についての説明
　　　　午後：酒造りの現場で作業体験
3日目　午前：フィールドワーク（散歩、雪掘りなど）
　　　　午後：集中講義（農業、中山間地、地方経済）
4日目　午前：まとめ

プログラムの設計は対象者に任せる

3泊4日で行われる『つながる』は、どのようなスケジュールで行われているのだろう？　2015年2月に実施された2回目のプログラムのうち、糸魚川市の渡辺が対象者となったプログラムは、大まかに上記（枠）のようなスケジュールで実施された。

『つながる』においてすべての内容は、対象者（ターゲット）に任せられている。理由は、対象者にとって無理のない範囲で学生を受け入れてもらうためだ。しかし、対象者一人で内容をすべて考えることはあまり現実的ではない。そこで、坂倉たちが学生の受け入れの協力を依頼するために現地を訪問する際に、社会連携推進室がイメージしているプログラムの具体例を伝え、対象者が、プログラムの内容を組む際の参考情報としている。

ちなみに、訪問した際の説明の流れは次頁上記（枠）の表の通りである。

「こちらからプログラムの趣旨を説明して、ほぼ理解し

対象者（ターゲット）を訪問した際の説明の流れ

1. 自己紹介、対象者から話を聞く
2. プログラムの趣旨の説明＋学生の受け入れを依頼
（対象者になってもらうことを依頼）
3. 条件の確認、覚書の内容を説明
4. 対象者に４日間の概要を考えてもらうために、学生に体験させたいと考えていることのイメージを伝える
5. 今後のスケジュールの確認

てくださると、『僕が対象者でいいの？　早稲田の学生さんに話すことなんてないよ』と謙遜されることがあります。そういうときは、『キラキラした成功体験はいらないんです。日頃の苦労とか、先ほど聞かせていただいたようなお話を、学生たちにも聞かせてあげてください』とお願いします。

学生が対象者の生き方にふれるためには、実は、働いている姿を見せてもらったり、生活の場に入れてもらったりするだけでは不十分だと考えています。合わせて、対象者のお話を聞かせていただく必要があります。そこで対象者の方には、こちらがどのような話をしてほしいと考えているかを、具体的に伝えるようにしています」（坂倉）

そのために行っているのが、最初に対象者の話を聞くことだ。短時間で、できる限り深い話を聞くことができるよう、事前に対象者の仕事の内容や職歴を調べておく。さらに、取材記事や著書があれば読

むようにしている。その上で、対象者の働き方、生き方を掘り下げるため、次のような質問をしている。

◉なぜこの地域で仕事をしているのか？
◉これまでどんな困難に直面して、どんなことに悩んで、どのように乗り越えてきたか？
◉今後の目標や夢は？

「お話を伺いながら、『ぜひ、学生に聞かせたい』と思う話が出てきたら、それを記憶しておきます。その後『つながる』の趣旨を説明して、対象者（ターゲット）になることをＯＫしてくださったら、『さきほど伺ったあの話を、ぜひ学生に聞かせてあげてください』と説明します。すると、『早稲田の学生さんにする話はないよ』という状態から、『そういう話でいいなら問題ありません』と変わります」

そのためには、テーブルや机を囲んで対象者の話を聞くほかにも、できれば歩きながら、作業をしながら、移動中の車中で運転をしながら、対象者の話に耳をかたむけ、色々な話を引き出そうとしている。理由は、対面で話を聞く形になると、自然と「話す人」と「聞く人」という関係になって、かしこまった話になってしまいがちだからだ。

対象者の負担を減らし、学生の学びの機会をつくる工夫

社会連携推進室では、対象者の負担を小さくして、通常業務に支障が出ないようにするために次のような説明もしている。

「従業員の方や、この人はと思う方に学生を預ける時間をとっていただいても構いません。学生にとっては、従業員の方や社外の方を通して、〇〇さん（対象者）のことを多角的に見ることができます。また、いろいろな方にお世話になる体験は、学生にとって感謝を学ぶいい機会になると考えています」

坂倉は、この提案は対象者にとっても意味があるのではないかと考えている。

「こういう説明をすると、『社員と一緒に仕事をさせても構わないの？』とか『ミーティングに参加してもらって、意見をもらおうかな』といった話が出てくることがあります。もちろん、『そういう形でお願いします』とお伝えしています。

対象者は、従業員や地域の方にとって、学生という異質な存在とふれあう機会はいい刺激になると考えているようです。学生の学びの場が、受け入れ側にとっても意味があるのであれば、とても嬉しいことです」

もう一つ対象者に依頼しているのは、可能な範囲で、地域の人に会う機会を設定してもらうことである。

「従業員の方々、お子さんや地域の方に会うことは、『お父さんとしての顔』や『コミュニティ

の一員としての顔』を見るチャンスになります。生き様にまで迫るためには、こういう多角的に捉える体験がすごく重要だと思います。

また、学生にとって、対象者がコミュニティの中で支え合い、かかわり合いながら生きていることを知るチャンスになっていると感じます。首都圏で育った学生の中には、『自分一人で生きていける』『苦手な人や自分と合わない人とは、無理につながりをつくる必要はない』と考えている学生もいます。そういう学生にとって、コミュニティの中で支え合って折り合って生きている人の姿を見ることは、貴重な機会だと思うんです」

そのほかにも、対象者には、学生を特別扱いしないように依頼している。

ある旅館の経営者が対象者となったプログラムでは、打ち合わせの場で、「学生さんに料理の感想を聞きたいので、夕食にお客様と同じ食事を出したいと思う」という提案があった。これに対して、伊藤は次のように伝えた。

「せっかくのご提案ですが、学生が『自分はお客さんだ』と勘違いしてしまう可能性があります。このプログラムは、対象者の方の働き方や生き方にふれることが目的です。『お客様』という立ち位置では、それは難しいと思います。できれば、従業員の方と同じ食事にしていただけないでしょうか？　また、宿泊する部屋も従業員の方と同じでお願いします。その代わり、プログラムの最終日に、現場を見せていただいて気づいたことなどを提案する場を設けるということでいかがでしょうか？」

こちらとして依頼したいことだけでなく、対象者のメリットも同時に考慮して話し合いを進めることが重要なのだ。

動画の力

対象者にプログラムのイメージを把握してもらうために、社会連携推進室では、動画も活用している。過去のプログラムの最終日前日に行われる打ち上げの様子などを収録したもので、その場の雰囲気、対象者や学生の感想を知ることができる。

「打ち上げには、プログラム中に学生と関わってくれた地域の方が参加してくれることがあります。学生と地域の方が打ち解けた様子で会話をしている姿を見てもらいながら、『これは、3日目の夜の様子です。ここに写っている◯◯君は、その後、この地域に友だちを連れて遊びに行っているんですよ』などと説明します。

そうすることで、対象者の方に、このプログラムによって地域の方と学生の間にどんな関係が生まれるかをイメージしてもらうことができます。また、学生が対象者の方から学んだことや、その地域の良さについて感じたことを語っている姿を見てもらうことは、学生を受け入れることの意味を伝えるためにも、有効だと感じています」(坂倉)

実際、動画を使っての説明が可能になった2回目以降のプログラムでは、候補者にイメージをつかんでもらいやすかったという。ほかにも、学内の会議で実施状況について報告する際にも、動画は威力を発揮した。学内教職員からは、「3日間で、初対面の人とこれだけ親密な関係になれるのはすごいことだ」「対象者や地域の大人が、いいことを言ってくれている。学生にとって、よい学びの場になっている」といった意見が出た。

この動画は、主に伊藤が撮影、編集も伊藤が担当した。最近では、スマートフォンで動画の撮影が可能だし、また、無料の動画編集ソフトも存在する。その気にさえなれば、活動の様子を収めた動画を制作することは可能なのだ。

「注意しているのは、第一にプログラムの邪魔にならないようにするため、あまり近くで撮影しないことと、撮影時間を最小限にすることです。インタビューの形式で収録する際には、感じたことを正直に言葉にしてほしいと伝え、一般に言う〝いいコメント〟を言わせることはしていません」

学生の背中を押すことの大切さ

すでに説明したように、『つながる』は、チラシを使って学生を公募することになった。同時に、『踏み出す』に参加した学生や、社会連携推進室が過去に行ったプログラムに参加した学生にも、個別に声をかけた。

「私は、対象者にお会いして話を聞いているし、プログラムを通して学生の様子を見ていることもあって、『この学生は○○さん（対象者）の話を聞くといいだろうな』と思うことがありま

す。そういう場合は、できる限り該当の学生に声をかけるようにしています」（坂倉）

しかし以前は、気づいたことがあっても言わずに済ませていたことがあったという。そこには、自分のアドバイスが相手にとってマイナスになることを恐れる気持ちがあったからだ。そんな坂倉が、なぜ、思い切ってアドバイスができるようになったのだろうか？

第一の理由は、学生が「職員のお薦め」を求めていることがわかったからだ。社会連携推進室では、『つながる』に参加する学生の数を増やす方法を探るため、以前からつながりがあった学生に意見を聞いたことがある。

そこで出たのは、『つながる』がどのようなプログラムかわかりづらいという意見だった。その一方で、詳しい説明を書いても学生が読むとは限らないし、あまり説明しすぎるとプログラムのイメージが限定されて、一部の学生にしか訴求しない可能性があるというのだ。それではどうしたらいいのか？　学生から出たのは、「知り合いからの紹介」が一番強力だという意見だった。さらに話を聞いていくと、特に入門編の『踏み出す』に参加した学生は、社会連携推進室の職員と関係ができているのだから、「職員からのお薦め」であれば、「参加してみようかな」と思う可能性が高いというのだ。

第二の理由は、坂倉自身の経験から得られた気づきだった。

「仮に私のアドバイスが的外れだったとしたら、その学生は『なんだこの人は』とか『勝手なことを言っているよ』と感じて、アドバイスを流してしまうだけだ、とわかったんです。それに、仮に私がアドバイスをしたことを感謝してくれる学生がいても、それがずっと続くわけではないことがわかってきました。中には卒業後もつながっている学生もいますが、ほとんどの学生とはその瞬間の出逢いだけです。

それならば、『この学生にとってプラスになる』と思ったことは、それが相手を傷つける内容ではない限り、思い切って伝えることにしたんです」

後日談だが、アドバイスしたもののプログラムに参加しなかった学生から、「あのとき、すでに予定が入っていたので参加できませんでした。でも、声をかけてくれたのはすごく嬉しかったです」と言われたケースもあったという。

それが、学生のためになると確信をもてるプログラムであれば、思い切って伝えることが大切なのだ。同時に、確信をもって学生に勧めるためにも、対象者（ターゲット）の選定が非常に重要なのである。

学生に妄想をさせる理由とは？

『つながる』の目的は、対象者の生き方にふれ、生き様にまで迫ることである。限られた時間の中でその目的どおりのプログラムにするための工夫として、プログラム前のオリエンテーションと、終了後のふり返り会を設定することになった。このうち、まず、オリエンテーションについて見ていこう。

プログラムへの参加を希望する学生は、申し込み時に志望動機を記入する。社会連携推進室でその内容をチェックした上で、参加が認められた学生には、オリエンテーションの日程と、課題が通知される。課題の目的は、対象者についてイメージをふくらませることである。具体的には、次の設問に対してオリエンテーションの前日までにメールで返信をするという内容だ。

〈課題〉

あなたが会いに行く人（対象者）はどんな人だと思いますか？ 想像力を働かせて、思い切り妄想して具体的に紹介してください。

ポイントは、あえて「妄想」という言葉を使っている点である。学生は、一度も会ったことがない対象者に対して、自由にイメージをふくらませる。それは現実の対象者の姿とは違う「妄想」に過ぎない。言い換えると、学生が自分のイメージに過ぎないことを忘れないようにするために「妄想」と呼んでいるのだ。

では、なぜこのような「妄想」をふくらませることを課題にしているのだろう？

「プログラム中、学生には、対象者に対して『この人は、どういう人なんだろう？』と関心をもち続けてほしいと考えています。この課題は、そのための訓練という意味があります。

また、妄想した結果は、『対象者はこういう人ではないか』という一種の仮説です。仮説があ

学生の「妄想」の一例

1. 笑顔がすてきで、子どもからも大人からも愛されキャラですが、実は昔田舎が嫌いでした。
2. ○○さんは、近所の子どもまで、周囲の面倒をみるのが好きなおおらかなお母さんです。社会人のオーケストラ団体でフルートを吹いています。
3. 学生時代はパチンコに明け暮れていましたが、ある日、当時付き合っていた彼女の田舎がダム建設によって消滅したと聞き一念発起して地元へ帰りました。いつも笑顔だが、手抜きや不真面目には厳しいです。最近孫ができてデレデレです。
4. 若い頃は堂本光一さんによく似たイケメンでジャニーズ事務所に所属していたことがあります。よく相談に乗ってくれていた同期の大野さん（嵐）は今でも仲が良いそうです。

ると、実際に会ったときに自分の仮説を検証しようとする。学生が、対象者と真剣に向き合うために役立つことが期待できます」（坂倉）

ところで、学生に出す課題には、「事前学習も含むべきではないか？」という意見もあった。対象者の仕事や略歴について、さらには、対象者が生きている地域について事前学習をさせることで、学生の学びが深くなるはずだという意見が出たのだ。坂倉は、この意見に異論を唱えた。

「たとえば糸魚川の渡辺さんは、酒蔵の経営者です。渡辺さんが何にこだわっているのか、何を大切にしているか、を知るためには、酒造りの知識や、渡辺さんが酒造りをしている地域についてある程度の知識が必要です。

ただ、最近の学生は、情報を集めてまとめるのが得意なので、酒造りやその地域のことがわかった気になる可能性があります。そうなると、現場で、五感と頭を最大限に活用して渡辺さんの生き方に迫ることの障害になってしまいます」

このような議論を、社会連携推進室内で重ねた結果、最終的には、事前学習を課さない方法で行われることが決まった。

チームビルディングのために必要なこと

オリエンテーションの目的は、対象者のイメージをできるだけふくらませることと、一緒にプログラムに参加する学生同士のつながりを深めることだ。学年も所属もばらばらで、なおかつ初対面の学生同士が、４日間のプログラム中に協力して行動をするためには、チームビルディングを行っておく必要がある。学生同士の関係がよそよそしかったり、ぎくしゃくしていたりしては、対象者に関心を集中することも難しくなる。

オリエンテーションの具体的な内容は左記（枠）の通りである。

当日は、会場の社会連携推進室のスタッフが、受け身になっている学生を見つけると「今の話を聞いて、○○君はどう思った？」などと声をかけることで、本人が「自分も参加しないと

オリエンテーションの内容

1. アイスブレイク

2. 他己紹介（『踏み出す』と同じ手法）
各自「自分紹介シート」を記入。書いた本人（記入者）とは別の学生（紹介者）が、シートを使って記入者のことを紹介する。シートだけではわからない部分があれば、紹介者が記入者に質問しながら進める。ほかの学生も、疑問点があれば記入者に質問する。

3. 私が会いに行く○○さんって、こんな人
グループの各メンバーが課題として考えてきた内容を、1人ずつ発表しながら、対象者のイメージを深めていく。同時に、話し合いを通して、お互いの関係を深めていく。

4. まとめ・注意事項
プログラムの趣旨の確認や、どんな姿勢でプログラムに取り組んでほしいか、現地での注意事項等を伝える。

5. 質問受付

いけないんだ」と気づくように促した。その一方で、あくまでサポート役に徹し、必要以上に口をはさむことを避けるようにした。

もう一つのポイントは、「グループの中で浮いている学生がいないか？」「自分をうまく出せていない学生がいないか？」を確認することだ。「たとえば、ぶっきらぼうな対応をしている学生がいた場合、話の内容や、ほかの学生と話をしているときの様子を確認

します。それは、コミュニケーションをとることを面倒くさいと思っているのか、それともコミュニケーションが苦手なのか見極めるためです。

見ただけで判断できないときは、『なぜ、このプログラムに参加しようと思ったの?』と質問してみます。その際、答えの内容を聞くだけでなく、答え方にも注意します。そうすることで、このプログラムに参加する気持ちがどれぐらい強いのかがわかってきます」

同時に坂倉は、ほかのメンバーの様子も観察するようにしている。

「グループの一員として、その学生が参加できるかを見極めるためです。仮にこちらが気になったとしても、同じグループの学生がフラットな感じで接しているのであれば、それほど問題がないと判断できます。逆に、その学生がグループの輪から外れている場合は、介入の度合いを強める必要があります」

実際には、グループの組み替えを行うまでの介入をしたことはないが、思い切って参加を決めた学生一人ひとりの勇気を無駄にしないためにも、このような細かい気配りが必要なのである。

プログラムのねらいを学生にどう伝えるか?

オリエンテーションでは、グループワークが一通り終わったところで「まとめ・注意事項」の説明に移る。ここでは2章の冒頭で紹介したように、このプログラムがインターンシップでも農業体験でもなく、対象者の生き方にふれ、生き様にまで迫ることが目的であることを再度伝えている。

さらに対象者がどのような条件で、またどのような思いで学生を受け入れてくれているかを紹介している。

事実を伝えた上で、伊藤はその意味について学生に考えさせるために、次のように問いかけている。

「対象者の方は、皆さんを無償で受け入れてくれます。ボランティアです。少し対象者の方の立場で考えてほしいんだけれど、見知らぬ学生を受け入れるのは、どういうことだと思いますか？　さらに、自宅に学生を泊まらせることは、どういうことなんでしょう？　対象者の方々は、このプログラムの趣旨をよく理解していただき、皆さんを喜んで受け入れてくれますその意味について、よく考えてください」

このようにプログラムのねらいや背景を説明する一方で、細かいプログラムの内容については学生には伝えていない。さらに、対象者にも、学生に細かいスケジュールについて説明しないように依頼している。

「細かいことを伝えると、学生は考えなくなりますから。社会に出たら1日のスケジュールは、誰も教えてくれません。何をすべきか自分で考えて、臨機応変に動く。もしもわからないことがあれば、対象者に質問すればいいんです。社会に出たら実行すべきことを体験してほしいと考えています」

ちなみにこの『つながる』は、現地集合、現地解散だ。参加学生は、自分で現地までの経路と必要な金額を確認して、集合時間に間に合うために何時に家を出ればよいかを考える。社会人になったら、自分でやらなければいけないことを体験させる場にもなっているのだ。

対象者に迫るための心得とは

『つながる』のねらいは、対象者の生き方にふれ、何を目的に、何にこだわって、どんな夢を持って生きているのか、を理解することだ。この一連の行動を社会連携推進室では、「対象者に迫る」と表現している。では、プログラム中「対象者に迫る」ためには、どのような心構えで、どんな行動をすればよいか？　その指針として「対象者に迫るための心得」を学生に提示している。具体的には、次のページのような内容である。

ターゲット（対象者）に迫るための学生心得

1. やる

とりあえずやってみましょう。皆さんにとっては“非日常”にふれる4日間です。頭で理解する時間はほとんどありません。皆さんの常識やルールと照らし合わせて分析・批評するのは後回しにして、とりあえず言われたことを「なんでもやってみる」時間を優先してください。

2. 聴く

相手の言っていることを受け入れましょう。対象者に迫るということは、その人（その人が持つ価値観）を受け入れることです。そして、その人がどういう人なのかを具体的に妄想し、興味をもち続けてください。

3. 伝える

思ったことや感じたこと、わからない点が生じたら、「後でネットを使って検索して調べよう」ではなく、素直に聞く、率直に伝える、ことを大事にしてください。

4. 耐える

ときに、業務の不理解や生活習慣の違いで注意を受けたりすることがあります。素直に受け止めることは重要ですが、へこむことはありません。

悪意は、絶対に（！）ありませんので、へこたれないでください。

もう一つの工夫が、報告書の記入である。プログラム終了後、各学生は自分の体験をふり返って報告書を作成し、社会連携推進室に提出することになっている。提出された報告書は、冊子の形にしてまとめ、学生に配布するだけでなく、対象者にお礼として渡されている。

報告書は、以下の四つの項目で構成されている。それぞれの項目に対して、各学生が自分の体験をふり返って記入する。

1 私が行った地域はこんなところです

2 私が会った◯◯さん（対象者）は、こんな人です

・好きなこと／嫌いなこと

・大切にしているもの、こと

・印象に残っている言葉

3 私と◯◯さん（対象者）の相違点

・似ているところ

・違っているところ

4 私の気づき

・4日間を通して気づいたこと

・こんなことにワクワクしました

これらの項目が設定されているのは、プログラムの成果を深めるための工夫でもある。学生がこれらを頭に入れてプログラムに参加することで、より深く対象者に迫ることができる。同時に、対象者と自分を比較することで、自分自身に対する理解を深めることができるのだ。

オリエンテーションでは、学生に報告書の項目について説明した上で、プログラム終了後に報告書を提出するように伝えている。その際、伊藤は次のように説明している。

「報告書は、冊子の形にして、皆さんを受け入れてくださった方々にお渡しします。単なるレポートではなくて、お礼の意味も兼ねています。受け入れてくださった方々は、皆さんが何を感じ、何を学んだのかを知りたいと思っているはずです。ですから、報告書は必ず出してください」

このように伝えることで、学生はプログラム期間中、報告書を制作するために必要な情報を集めようとする。その結果、「対象者に迫る」方向に意識が向かい、自分と対象者を比較することで自分についての理解を深めることができるのだ。

報告書を出さない学生にどう対応するか？

オリエンテーションの後、プログラムに参加した学生は、報告書を記入して社会連携推進室に提出する。提出が遅い学生には、伊藤は次のようなメールを送信している。

この報告書は、受け入れていただいた対象者の方のみならず、関連する行政の方、社員の方、地域の方等々、多くの方々へのお礼でもあります。今回、皆さんが「ご縁」をいただいて得た経験を、次の参加者につなぐ意味でも、未提出の方は、大至急提出してください。

そして、提出された報告書の内容を共有するために行われるのが「ふり返り会」である。ふり返り会には各プログラムに参加した学生が集合して、四人組のグループに分かれて行われる。各グループは、すべて違うプログラムに参加した学生で構成されている。各メンバーは一人15分のもち時間で、自分が参加したプログラムを紹介。同時に自分が気づいたことや感じたこと、考えたことなども発表する。つまり各学生は、自分が参加していない三つのプログラムについて、その内容だけでなく、実際にプログラムを受けた学生の気づきなども共有できるのだ。加えて紹介する側の学生は、経験を共有していない人が理解できるように、言葉を補ったりして説明することでふだんの思考過程から離れることができる。その体験が、本人にとって、意識を深く掘り下げるきっかけにもなるのだ。

ふり返り会のもう一つの目的は、深く掘り下げ、考えた結果を報告書に反映させることである。それは学生を受け入れてくれた対象者のためであると同時に、参加した学生に、自分の体験を整理してもらうためでもある。ふり返り会では、全員の報告書のコピーを配布する。各学生は、自分の報告書の内容とほかの学生の内容を比べることができる。中には、自分が書いた文章の掘り下げ方が足りないことや、文章量が少ないことに気づいて、書き直しを希望する学生もいるという。

報告書には、このような重要な意味があるにも関わらず、２０１５年夏のプログラムに参加した学生の一部は、報告書を提出しなかった。

「どうやらプログラム中、お世話になった対象者から『自分が感じたことを無理に言葉にする必要はない。ありがとうの一言でも十分に伝わるから』という話があったらしいんです。これを一部の学生が、『報告書を提出しなくてもいいんだ』と理解したようです（笑）」（伊藤）

坂倉と伊藤は、その後、対象者のもとに報告書を持参してお礼に行った際に、一部の学生が報告書を提出しなかったことを詫び、仮にその学生から「遊びに行きたい」という連絡があった場合、できれば受け入れてほしいと依頼した。同時に、可能であれば、報告書を読めなかったことをどう感じたか、学生に伝えてほしいとも依頼した。

また、その後のオリエンテーションでは、以前よりも丁寧に報告書を制作する意味を伝えるようになった。具体的には、「ご好意で学生を受け入れてくれている方が、皆さんが何を学び、どのようなことを感じたのか知りたいと思うのは当然です。それなのに、自分勝手な理由で報告書を出さないのは、とても寂しいことだと思います。ぜひ、対象者の方の立場で考えてみてください」と伝えている。

「二度とこういう田舎には来ない」と考えていた学生の変化

『つながる』の第1回目のプログラムは、2014年の夏に実施された。このうち、伊藤の地縁を活かし実施が決まった糸魚川市で行われた二つのプログラムについて、見ていこう。

まず、渡辺酒造店の渡辺吉樹を対象者とするプログラムから見ていきたい。参加したのは男子学生三人で、このうちIは、プログラムを通して気づいたこととして、報告書に次のように書いた。

このプログラムに参加したことで、自らの視野が少し広くなった気がします。何事にも「リアリティ」をもって、人と議論し、自ら行動することの大切さを学びました。

そしてなにより、お世話になったみんなさま（渡辺さん、小田島さん、住職さん、市役所の方、ほかにもさまざま）が、根知、糸魚川に誇りをもっておられ、その土地を愛し、これからも守っていきたいと心から考えておられました。それほどまでに大切な根知、糸魚川の地を、私も今後ずっと見守っていきたいと感じました。

しかし、この感想文を書いたIは、初日の顔合わせの場で、「自分は、二度とこういう田舎に来ることはないと思います」と発言していた。渡辺は、Iの言葉をよく覚えているという。

「彼は、東京で生まれ、東京で学生生活を送り、すでに東京で就職することが決まっていました。このプログラムに参加したのは、卒業の記念に過ぎない。『東京で動く自分は、こういう田舎には来ないと思います』と、ある意味すごく正直に発言してくれたと思います」

その時、このIの発言に対して渡辺は、自分の考えを説明した。

「東京は人間の体で言うと頭脳にあたる。一方この場所は、爪の先かもしれない。それでも体の一部であることは間違いない。せっかくこの場所に来たのだから、爪の先からの視点を体験してほしい。東京から経済的にもはるかに遠い場所で、我々が何を見て、何を考えて、動いているのかを、少しでも体験してほしい」

渡辺酒造店　渡辺吉樹

渡辺は、どのような思いでこの言葉を学生たちに語りかけていたのだろう?
「東京に住んでいるだけで、生活が、人生が、それだけで完結すると思っているとしたら、それは非常にまずい考え方だと思いました。こういう田舎も体の一部だということを、なんとかわかってほしいと思ったんですよ。
東京は、たしかに頭脳ではあるけれども、食料も燃料も水も全部供給されることで維持されている。

仮に周りが死んだら、生きることができない場所ですよね。そういうリアリティを、もってほしいと思いました。こういう田舎がなければ、食べ物を生産できなくなる。食べ物がなければ人は生きられないんです。思考の範囲を、末端の我々のところまでつなげてほしい。I君の発言を聞いて、このことだけはきちっと伝えなければいけないと思いました」

4日間のプログラムを通して、Iを含めた三人の学生は渡辺の話を聞き、酒蔵を見学し、地域を歩き、田んぼを見て、高い場所に登り地域の様子を見渡した。こうした体験を通して、Iは「何事にも『リアリティ』をもって、人と議論し、自ら行動することが大切だ」と学んだ。そして「それほどまでに大切な根知、糸魚川の地を、私も今後ずっと見守っていきたい」と感じたのだ。

「プログラム終了後、I君と、同じグループだったJ君が二人で遊びに来ました。その後も、J君は一人で遊びに来てくれたことがあります。その時J君は『Iも行きたがっていたけれど、仕事が忙しいようなので、僕一人で来ました』と言っていました」

渡辺の「爪の先から見た視点を体験してほしい」という思いはIに届いていた。そして、お世話になった人たちが誇りをもち、愛し、守っていきたいと考えている「根知」という土地を、Iも同じように今後ずっと見守っていきたいと感じたのだ。

やりがいからDNAへ

ところで、Iと同じグループだったKの報告書に次のような記述があった。

「自分の生まれはどこか。それを意識した方がいい。それがないと根なし草になる」

渡辺さんの言葉だ。これは私たちの世代には欠けている考え方だ。生まれたときからすべてが満たされており、個人主義が進み地域と関わることも少なくなる。このことによって、地域に対する帰属意識がだんだん薄れてくる。渡辺さんのように農業をやられていると否応なしに地域に関わらざるを得なくなる。そしてその関わり、人とのつながりがその地域への愛着となり、生きる意味となる。そこにあるのは「やりがい」といった薄い言葉ではない。

今の若者がそのような薄い言葉を追うのは、このような背景があるからではないか。「やりがい」など本質的には存在しないのだ。そこにあるのは「生きる」ということだけである。

学生とディスカッションをする

Kは、このときの体験が、卒業後の進路を決める一つのきっかけになったという。

「両親とも教師ということもあって、小さい頃から『自分は、教師になるんだろうな』と思いつつも、『教師の家に生まれたから』という理由で決めることに抗う気持ちもありました。就活では約100社の説明会に出て、30社ほどにエントリーシートを出しました。最終的には、広告代理店、IT、教育関連の会社から内定をもらったんです。

どの会社に決めようか悩んでいたとき、ふと『生まれや自分のDNAに従ってもいいのかも』と思ったんですね。両親の姿を見ていたので、教える仕事がどういうものかイメージできるし、一番自分が熱くなれる仕事だと思えてきたんです。最終的に、教育関連の会社を選ぶことにしました。今ふり返ってみると、渡辺さんのところに行ったことが影響している気がします」

それは、どのような影響だったのだろうか？

「『僕は僕だから』と言うことができる、その〝僕〟を支えるアイデンティティーみたいなもの。そういうものの大切さに改めて気づかせてもらった。そんな感じがします」

対象者にとっての意味とは？

このように学生たちは、渡辺の生き方にふれる体験から多くのことを学んだ。では、渡辺にとって、学生を受け入れたことはどのような意味があったのだろうか？

無農薬で日本酒の原料を作っている田んぼで作業を手伝う

「一番勉強になっているのは私だと思います。教えることや伝えることを実践した人が、一番勉強になるということを体感しました。

早稲田の学生さんは、どんどん質問をしてきます。それに対して私は、どこまで話せばいいか？　また、どう説明すればいいか？　を考えながら話します。それに対する学生さんの反応を見て、理解しているようだったら、もう少し先まで話す。難しいようだったら、今度は別の説明の仕方をしてみる。自分にとって最高のトレーニングになると思いました」

さらに渡辺は、学生を受け入れることは、企業にとっても、また地域にとっても価値のあることだと考えるようになった。

「渡辺酒造店という会社が何をやっているのか？　根知がどういう場所なのか？　理解してくれる人が、確実に増えていくわけです。会社にとっては、受け入れた学生さんが一消費者になってくれるかもしれないし、サポーターになってくれるかもしれない。時間はかかるけれど、こういう取り組みを積み重ねながら、応援してくれる人や支えてくれる人を、少しずつ増やしていくことが重要なんですね」

自分も、静かな力強さをもった大人になりたい

同時期に糸魚川市で行われたもう一つのプログラムの対象者は、小田島建設の小田島修平である。このプログラムに参加した男子学生のＬも、小田島の一言が深く印象に残ったと報告書に記入している。

最終日の前の晩に懇親会のときにいただいた言葉が心に刻まれています。「気を強くもて」と。ふとした拍子にこぼれた言葉だったのかもしれませんが、それは心に深く突き刺さりました。

小田島も、Ｌのことをよく覚えているという。

「プログラム中、彼の様子を見ていて『線が細いな』と感じたんです。懇親会という場の雰囲気もあったんでしょうね。自分としては、もっと元気を出せということを伝えたかったと記憶しています」

Lは報告書に「深く突き刺さった」と書いたが、これはもちろん「傷ついた」という意味ではない。ふだんの学生生活では聞くことのない言葉、という感覚だったようだ。

私は小田島さんの「落ちついた強さ」を尊敬しています。私も、そのような静かな力強さをもった大人になりたいと心の中で強く思いました。

Lもやはりプログラムが実施された翌年、小田島のもとを訪れている。目的は、小田島が関わっている地域のイベントの手伝いをするためだった。同時に、自分がめざしたいと感じた「落ちついた強さ」をもつ小田島にもう一度会いたいという気持ちがあったのではないだろうか？

小田島建設　小田島修平

まさに、対象者の生き方にふれ、自分と比較しながら自分の生き方を考えるというプログラムの目的が達成されたと言える。こうした成果が出たことについて、坂倉はこのように語っている。

「小田島さんに最初にお会いしたとき、多くを語らない方だという印象を持ちました。だから正直なところ、小田島さんの想いや考えは学生にしっかり伝わるのか不安がありました。

でも小田島さんが書かれた文章を読むと、深い思想がある方だと感じました。また、地域の方から一目置かれる方ですし、なによりも伊藤さんが『ぜひ小田島さんにお願いしたい』という意見だったので、お願いすることにしました。

プログラム中に様子を見せていただいたとき、小田島さんと学生の間によい関係が生まれているのを感じました。また、L君の報告書にもあるように、学生にとっては『みんなを引っ張るのとは違うリーダー像』に実際に会う貴重な機会だったようです。今では、小田島さんにお願いしてよかったと思っています」


もう一人の参加者Mも、小田島との会話で深く印象に残ったことを記している。


自分が都会で生活しているためからなのか、小田島さんに「長くここに住んでいくためにはもう少し便利さが必要かな」と言うと、「なくてもいいんじゃないかな」と言われてしまいました。

たしかに自然が豊かで、多少不便でも住むには苦労しない場所かもしれませんが、人口が減少していく背景にはこういった不便さも原因としてあるのではないかと思いました。

小田島に、このときのことを質問してみると、次のように答えてくれた。

「その場ですぐにM君の意見を否定してしまったので、悪いことをしたと思っているんです。その後、地域活性化の方向を探るために地元の若者にアンケートをとる機会がありました。すると、その中にも『コンビニがほしい』という意見があったんですね。それでこれからはまず、ちゃんと話を聞こうと反省しました」

小田島のもとでのプログラムはその後も継続して、すでに5回実施されている。その過程で、小田島は学生の話を聞くことの意味を実感するようになった。

「2016年の春には、地域のイベントの手伝いをしてもらったんですが、最終日に、もっとイベントを盛り上げるためのアイディアがないか、話を聞かせてもらいました。若者らしい意見もありましたし、この地域のことを知らない新しい目、何にも囚われていない目で見た意見は役に立つと思いました」

ほかにも、学生に対して地域や仕事のことを説明するということは、自分にとっても意味があると感じているという。

「考えていたこと、思っていたことを言葉にすると、『こういうことだったのか』『こういうふうにしないといけない』と気づくというか、はっきりしてきます。言葉にすることで、頭の中にあったものが明確になる。自分自身が再認識できるところがあるんですね」

外部からやってきた、しがらみのない学生に対して、考えていることや思っていることを言葉にする体験は、ある種のしがらみの中で生きることを求められている大人にとっては貴重な体験になるのだ。

職員が現地で観察を行う理由

『つながる』では、プログラムの内容を対象者に一任している一方で、社会連携推進室のメンバーは、必ず1回は現場に顔を出すようにしている。第一の目的は、プログラムがねらい通りに進んでいるかを確認するためであり、気になる部分がある場合は調整を行う。第二の目的は、記録係として写真や動画を撮影することである。

では、第一の目的を果たすために、具体的に何を行っているのか。メンバーが現場で確認しているのは、学生が対象者の生き方にふれ、その生き様に迫る場になっているかという点である。そのために、主に次の点について観察することにしている。ここで「観察」と表現したのは、必要以上に介入してプログラムの流れを邪魔しないためである。また、学生が職員に依存することを避ける意味もある。

1 学生が日常的なモードに戻っていないか?
2 双方向のコミュニケーションが行われているか?
3 各学生が自分で設定した目的を達成しようとしているか?

では、それぞれどのようなチェックをしているのかを説明していこう。

1 学生が日常的なモードに戻っていないか？

一番わかりやすい例は、移動時間や休憩時間の携帯やスマホの使用である。メールやSNSのチェックや返信を行うと、学生は日常的な意識に戻ってしまう。その結果、対象者に迫るための心得の1番目「とりあえずやってみる」を実現できなくなる可能性があるのだ。では、そういう場面に遭遇した場合、メンバーはどのように対応しているのだろう？

「注意するのではなくて、学生が自分で気づくことを心がけています。『使ったらダメだよ』と言うのではなく、『○○さん（対象者）がみんなのために時間を割いてくれているのに、携帯のチェックに時間を使うのって、どうなんだろう？』という感じで伝えます」（坂倉）

実際には、職員が声をかけなくても、学生同士で「そういうことをしに来ているの？」と注意し合っているケースもあったという。

「このように学生同士で軌道修正してくれることが理想ですが、現実的には難しい場合が多いようです。特に、参加したメンバーが同質な場合ほど難しいと感じます。逆に、学年や性別が多様な場合は、注意し合うことが起こりやすいですね。ただ、メンバー構成は学生の希望を基に決まるので、悩ましいところではありますが」（伊藤）

さらに個別な対応だけでなく、プログラムそのものを見直したケースもあった。都合により民泊ができなかったあるプログラムでは、学生だけが合宿するような形式をとった。一日のスケジュールが早い時間に終わると当然、学生が宿舎で過ごす時間が長くなる。そのため自由時間が増え、携帯やスマホをいじる時間が増えてしまったのだ。そこで、次の回では、朝と夜に近くの宿泊施設の手伝いをしてもらうことにした。その結果、睡眠時間を確保するために、携帯やスマホの操作をする時間が激減したのである。

2 双方向のコミュニケーションが行われているか？

『つながる』では、対象者の話を聞くだけでなく、伝えることも重視している。そのために「対象者に迫る心得」の3番目に、わからない点が生じたら、ネットで検索するのではなく、素直に聞く、率直に伝えることを大事にしてほしいと書かれている。

しかし実際には、対象者の話を聞く時間が長くなり、学生は黙って話を聞いている場合がある。このような場面に出くわした時の対応を聞いた。

「対象者の話が一段落したところで、学生に対して『○○さんの今の話を聞いてどう思った？』という感じで問いかけます。特に、立ち会っている職員が、これ以上話を聞き続けるのは難しいと感じた場合は、学生も同じことを感じている可能性が高いので、学生が発言できるように、流れを変える必要があります」（伊藤）

そのほかにも、対象者の話題が仕事に関することに集中しすぎるようなときには、対象者の個人的な話題に流れを変えるために、あえて、職員が対象者に質問をすることがあるという。

「たとえば、『休日は、どのように過ごしているんですか？』『学生の頃は、どんなことに関心がありましたか？』といった他愛のない質問をします」（伊藤）

このような対応をするために重要なのは、対象者にすべて任せるのではなく、「対象者と力を合わせてプログラムをつくっていく」という意識をもつことだという。

「一般的な職員は、学生の教育は教員に任せ、自分は教員のバックアップに回るという意識で仕事をしています。この意識のままだと、プログラムの進行は対象者に任せて自分は見ているだけ、となりがちです。『つながる』を担当して痛感したのは、ふだんの職員としての意識から脱出して、自分もその場に関わろうとする姿勢の大切さです」

学生が対象者に対して質問をしたり、感じたことを伝えたりすることは、実は、対象者にとっても意味があることである。糸魚川市で実施されたプログラムの対象者の一人、渡辺は、「学生の質問に答えることが、トレーニングになった」と感じた。もう一人の対象者である小田島は、「学生の新しい目、何も囚われてない目で見た意見は役に立つ」とふり返る。学生と対象者、双方の学びを深めるためにも、職員としてのふだんの役割から一歩踏み出す勇気が必要なのだ。

3 自分で設定した目的を達成しようとしているか？

２０１６年春休みに実施された、福岡県朝倉市の旅館「花水木」の女将小原真弓が対象者のプログラムに参加した女子学生のNは、報告書に「私の気づき」として次の文章を書いた。

私がこのプログラムに参加したのは、「リーダーシップを学びたい」という思いがあったからだ。（中略）このプログラムを通じて、私の中のリーダーへの恐怖は小さくなり、むしろリーダーに対してポジティブになることができたように思う。というのも小原さんが「リーダーの特権」について教えてくれたからである。旅館のリーダーである女将は、すべてのクレームも受けるが、逆にすべての感謝の言葉も受けるという。

Nは、「自分は、リーダーの責務に耐えられるのか」という不安から、リーダーとして手を上げることを避けてきた。そのため、就職活動で過去のリーダー体験を問われても、語るべき経験がないため、うまく答えることができなかった。危機感を抱いたNは、思い切ってゼミのリーダーに立候補した。しかしリーダーの役割をうまく果たせない現実に、リーダーを務めることへの恐怖がさらに増した。そんな自分を変えるきっかけをつかむため、Nは『つながる』に参加することを決意したのだ。

坂倉と伊藤は、小原を対象とするプログラムの様子を「観察」に行く前、学生の志望動機書を再読した。そして、Nの志望動機を頭に入れた上で現場に入った。

現場でNの様子を見た坂倉は、「なんとなく元気がない」と感じた。そして「志望動機書にリーダーシップを学びたいと書いてあったけれど、小原さんにふれて、何か学んだことはあった？」と声をかけた。Nは、ハッとしたようだった。しばらく考えてから、消え入るような声で「今のところありません……」と答えた。

「プログラム終了後のふり返り会で、Nさんが『坂倉さんからの質問に何も答えられませんでした。そして、せっかくプログラムに参加したのだから、何かつかんで帰りたいと思い直したんです』と教えてくれました。あの後Nさんは、真剣に小原さんに迫ったのだと思います。その姿勢が、『リーダーには特権がある』という気づきにつながったのだと思います。

ふと思いついて質問してみた、その問いかけに思わぬ効果があったので驚きました。プログラムに参加した理由を思い出すことって結構大切なんですね。学生にとって、異空間での体験があまりに刺激的なので、志望動機を忘れてしまうことがあるのだと思います。これからも、必要があれば学生に問いかけていきたいと思います」

坂倉が「必要があれば」と考えている理由は、自分の志望動機を忘れることなく、対象者に迫ることができる学生もいるからだ。また対象者が、学生が原点に戻るサポートをしてくれる場合もあるという。

「対象者が学生に対して『なぜ、このプログラムに参加しようと思ったの？』と問いかけてくれることがあります。

また、学生を地域の方と会わせてくれることも、志望動機を思い出すよい機会になっていると感じます。地域の人は、『早稲田の学生さんが何をしに来たの？』と普通に疑問に思うようです。学生が『農業体験でもないし、インターンシップでもないんです。○○さんに迫ることが目的です』と説明すると、ほとんどの方が『そんなプログラムに、なぜ参加したの？』と問いかけてくれます。自然と、学生は自分の志望動機に戻ることができるんですね」

問いかけの力を十分に発揮させるには

職員が三つのポイントを観察して、気になる部分があった場合にとる行動に共通しているのは、学生に問いかけることである。

しかし問いかけの力を発揮させるためには、注意すべき点がある。第一は問いかけの目的を忘れないことだ。職員が自分自身の好奇心を満たすため、または疑問を解消することが目的ではなく、学生の意識や行動を変えるために問いかけを行うことが重要だ。

たとえば、休み時間に携帯を操作している学生がいた場合、すでに紹介したように、「○○さん（対象者）がみんなのために時間を割いてくれているのに、携帯のチェックに時間を使うのって、どうなんだろう？」と問いかける方法がある。伊藤によると、ほかにもオリエンテーションで考えた「妄想」を活用する方法があるという。

「たとえば、携帯を操作している学生がいた場合、『オリエンテーションで○○さんについて妄想したけど、実際に会ってみてどうだった？』と聞くことがあります。自然な形でその学生の行動を変えることができるし、周りの学生も会話に参加するきっかけになって、その後、対象者について会話が弾むことがあります」

学生の意識が「対象者に迫る」という目標から逸れている可能性があるとしたら、そのことを確認した上で、学生の意識を変えるために問いを発する。状況に合わせ、目的をもって問いが発せられているのだ。

もし、職員の興味からのみ質問を発した場合、その質問によって学生が「対象者に迫る」という方向からずれる可能性がある。さらに、職員が質問をすることはその場に介入することでもある。むやみな介入は、対象者と学生の関係構築を妨害することさえあるのだ。

第二は、必要な場合には、職員が感じたことをあえて言葉にすることだ。これは第一の注意点とは矛盾しない。なぜなら、この発言には、学生が質問や意見を言えない状態を変えるという目的があるからだ。たとえば、対象者に対して『○○さんの今の説明は、私には、極論のように感じますが?』という感じで投げかけてみる。

「重要なのは、できるだけ本音を言葉にすることです。学生は、『ちゃんとした質問をしなければいけない』『レベルが高い質問をしたい』と考えていることがあります。そのため、思ったことや聞きたいことがあっても、黙っている。そんな学生に『思ったことを言葉にしていいんだよ』と伝えるためにも、あえて職員が口火を切った方がいい場合があると感じています」(坂倉)

大切なのは、「学生が質問や思ったことが言えない状態にある」と判断したときにだけ実行することだ。逆に、学生が対象者に「伝える」を実行できている場合は、よい流れを妨害しないためにも、職員は黙っている方がよい。

この考え方は、たとえば対象者から食事に誘われた場合にも当てはまる。自分が同席する方がよいのか、同席しない方がいいのか、冷静に考える必要があるのだ。

「対象者と学生が打ち解けていなくて、ぎくしゃくした感じだったら、同席させてもらいます。逆に、関係が深まっている場合は遠慮します。特に注意が必要なのは、職員が同席することでそれまでなごやかだった雰囲気が変わって、緊張感が出たり、会話が途切れたりする場合です。こういう場合はすぐに退席するようにします。

仮に同席した場合は、学生と対象者の関係が深まる問いかけをしたり、話題を提供したりすることを心がけます。また、学生にとっては聞き出すことが難しい、対象者の生き方に迫るために役立つような質問をするようにしています」

職員も一緒にやってみる

「現地に行ったときは、学生と一緒にやってみるという姿勢を大切にしています。学生に『とりあえずやってみましょう』と言っているだけでなく、できる限り私たちも一緒にやってみることが大切ではないかと」

このように語る坂倉は、学生と一緒にやってみることの意味について、具体例を元に説明してくれた。

「現地に着くと、ちょうど学生が、荒れ地を開墾する手伝いをしているところでした。足場が悪かったのですが、実際にその場所に行ってみました。学生から『坂倉さん、その格好でやるんですか』と言われましたが、学生と同じ体験をしたいと思ったんです。その場で見た景色の様子、足元がとられたこと、トゲがたくさんあって作業が大変だったこと……。そういったことを共有すると、たとえばふり返り会の後の懇親会で、『あの作業は大変だったね』と言葉をかけることができます。すると学生も、その時の感触がよみがえってきたりして本音に近い部分を語ってくれます。そこで得られた情報が、『つながる』の見直しだけでなく、新たなプログラム開発にも役立つと思っています」

同じことは、対象者にも言えるだろう。対象者との関係を深めることは、プログラムの内容を見直し、質を向上するために不可欠なのだ。

「やってみるだけでなく、思い切って質問をしてみる、思ったことを言ってみる。そういうことを実践していると、対象者に会いに行くことや学生と一緒に話すことの楽しさを実感できます。それは、職員自身にとっても、新しい価値観にふれて、自分の世界を広げるチャンスになると思うんです」

合わせて、すでに紹介したように、学生が対象者に迫ることができるようなサポートに徹することで、実際に学生と対象者の対話が深まっていけば、その結果として、職員自身も新しい発見をしたり、気づきを得たりすることができるはずだ。

この章で起こった「結果」と「成果」

▼主要な登場人物……社会連携推進室の坂倉と伊藤、古谷修一、小田島修平、渡辺吉樹、小原真弓、学生I、学生J、学生K、学生L、学生M、学生N、『つながる』に参加した学生たち

▼現場……………朝倉市、糸魚川市

▼起こったこと……『一歩』のアドバンスド編『つながる』の準備の段階で、対象者にどのような説明すれば、このプログラムの趣旨が伝わるかが明確になった。またプログラムを実施することで、参加している学生の様子を「観察」することの大切さが明らかになると同時に、プログラムの改善点や運営のノウハウも少しずつ見えてきた。

6章 マクロな組織とミクロな経験のバランス

（全体調整）

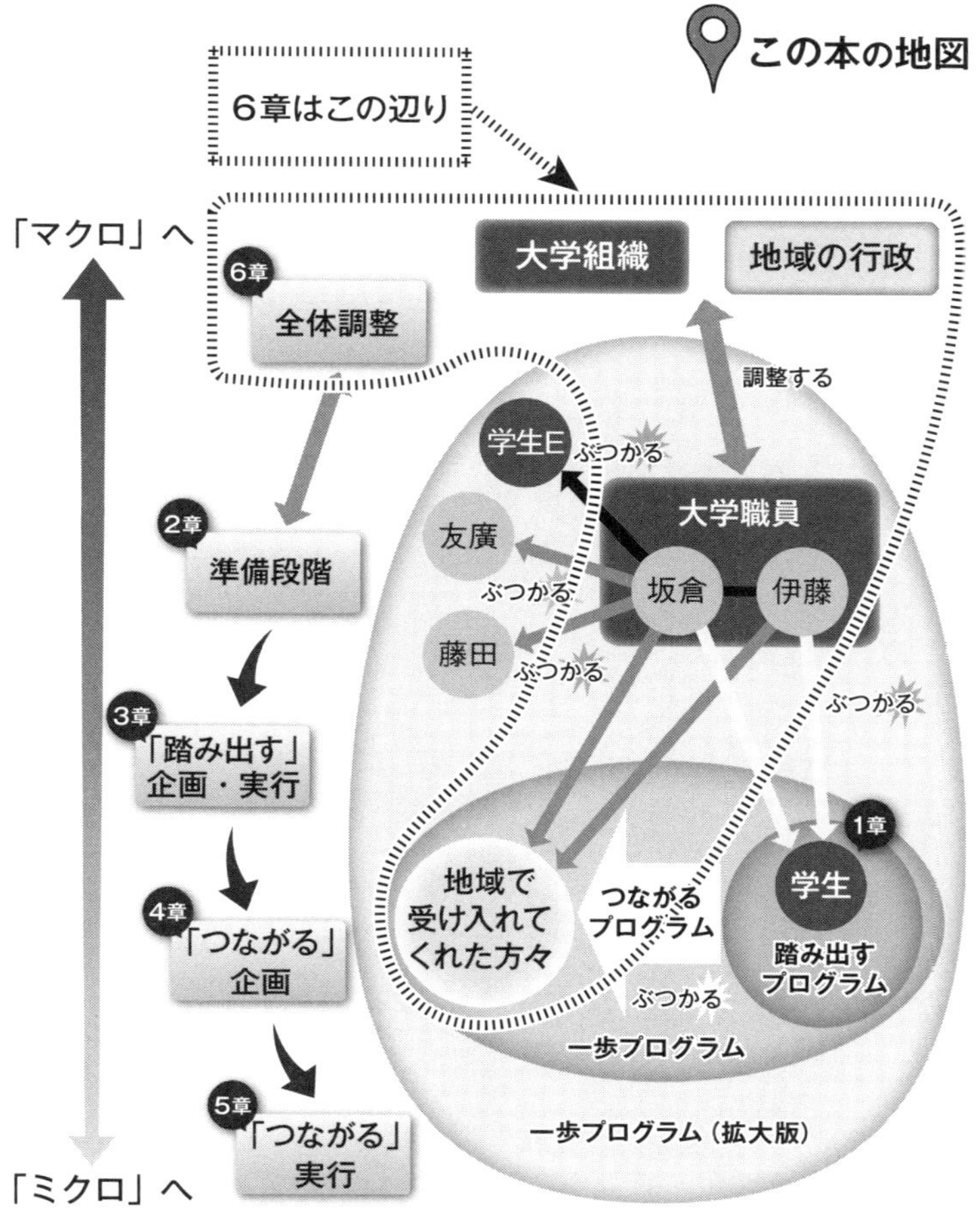

行政にとってのメリットとは?

2014年夏にスタートした『つながる』は、〝地域系〟では5プログラム、〝企業系〟では6プログラムが実施された。2015年からは春と夏の2回実施され、第四回にあたる2016年春に実施されたプログラムでは、〝地域系〟が9プログラム、〝企業系〟では7プログラムが実施された。特に、〝地域系〟のプログラムの数が倍近くに増えている。

その理由の一つが、行政の協力である。たとえば伊藤の地縁を活かすことでスタートした糸魚川市のプログラムは、初回は2か所で実施されたが、第三回(2015年夏)から3か所に増えた。この新しいプログラムの対象者は、糸魚川市の担当者からの紹介で決まったのだ。

糸魚川市で実施されるプログラムでは、第一回から同市によるバックアップ体勢が実現している。まず、対象者と大学との間で取り交わす覚え書きには糸魚川市長の名前も加わった。これによって、学内的にプログラムの説得力を高めることに成功した。ほかにも、交通の便が悪い目的地まで学生を送迎するためのマイクロバスの手配、また、学生の負担軽減のための補助金制度の整備も行われた。さらに、市長との懇談の場が設定されたことで、学生にとって貴重な体験になっただけでなく、地方紙に活動が取り上げられるきっかけになり、結果としてプログラムの露出度が上がった。

糸魚川市長の米田徹は、当時のことを次のようにふり返る。

「伊藤さんから話をもらったときに、行政として、可能な範囲でお手伝いをすることに決めました。早稲田大学出身で校歌を作詞した相馬御風が糸魚川出身であること、さらに社会連携推進室の伊藤さんのご先祖も糸魚川市にいらっしゃったということで、深いご縁を感じました。また、この取り組みは早稲田大学との関係が生まれるきっかけになりますし、学生さんが来ることは、糸魚川市にとって新たな着眼点を得るチャンスだと考えました」

実際の業務を担当した、総務部企画財政課企画係（当時）の中村淳一は、

「社会連携推進室の伊藤さんから『学生が人に迫るプログラム』だと説明を受けたのですが、正直なところ、よくイメージがつかめませんでした。ただ、学生さんが迫る対象となる方はすでに決まっていたので、行政としては、プログラムの運営に関して無理のない範囲でサポートをすることにしました」

糸魚川市長　米田徹

その背景にあったのは、「行政と早稲田のつながりをできる限り継続させたい」との思いだった。そのため、無理のない範囲でサポートを実施することにしたのだ。こうして糸魚川市のサポートのもと実施された第一回のプログラムで、中村は3日目に行われた懇親会に参加。プログラムの意味を実感した。

「渡辺酒造店の渡辺さん（対象者）は、ほとんど存じあげない方でした。懇親会で渡辺さんが語ってい

総務部企画財政課企画係（当時）
中村淳一

るのを聞いて思ったのは、『こんなに熱い思いをもって、酒造りをされている方がいるんだな』ということです。また、渡辺さんと学生さんが親しく会話をされているのを見て、3日間、学生さんが渡辺さんに迫ってきた結果なのかもしれないと思いました。

また市長との懇談にも同席して、学生さんの活動報告や体験を通して実感したことを聞き、学生さんと地域の方が一緒に育っていけるプログラムだと実感しました」

実は、懇親会の場で坂倉は、中村に「せっかく海もある土地ですので、できれば、漁師さんのプログラムもできないかと考えています。どなたか紹介していただけないでしょうか」と依頼していた。

「ぜひ協力したいと思いました。ただ、漁師さんは気性が荒いというイメージがあったので、学生さんがうまくコミュニケーションをとれるか、少し心配でした。

その一方で、第一回のプログラムで学生さんが真面目に取り組んでいる姿を見ていたので、こういう学生さんと漁師さんが出会ったらどんな反応が起こるのかを見たい、という思いもありました。そこで、担当課の職員にも協力してもらって調整を進め、最終的には上越漁業協同組合の組合長・磯谷光一さんを紹介することができました」

こうして実施された磯谷を対象者とするプログラムの初日、中村は、磯谷が学生に話をしている姿を見て安心したとふり返る。

「磯谷さんは、ご自身の仕事について、学生さんに丁寧に説明していました。『学生さんに伝えたい』という気持ちが強いと感じました。また、『うちの組合では、みんながたくさん魚を獲れるようにするため、お互いに網のつくり方などを教えあっている』という話を聞いて、地域にこういう考えの漁師さんがいるのかと感動しました。自分にとっても、いい勉強になりました」

上越漁業協同組合　磯谷光一

同様に市長の米田も懇親会に同席し、学生との懇談の場で話を聞き、さらに報告書を読むことで、このプログラムの意義を実感した。

「学生さんは、小田島社長と渡辺社長が、厳しい環境の中で真剣に考え、歯を食いしばってがんばっているから成果が出ていることをつかんでくれました。それは、二人と一緒に仕事をしてともに汗をかいて、直接いろいろな話を聞いたからだと思います。二人の社長は非常に忙しいので、どこまで時間を割けるのか心配でした。しかし実際は、時間だけでなく手間をかけて対応してくれました。これは、学生さんたちに、しっかり学ぼうという姿勢があったからだと思います」

米田は、学生を受け入れたことは、対象者にとっても意味があったと考えている。

「懇親会で、小田島社長と渡辺社長は、学生の報告や感想を、素直にしっかりと聞いていました。この体験は、お二人にとってもプラスになっているのではないかと思っています」

さらに中村の上司にあたる企画財政課課長の藤田年明も、特に、報告書を読むことで、このプログラムの意義を実感したという。

「学生さんが、糸魚川での体験に感動してくれたことがわかりました。また、糸魚川市の特徴、特に人的な資源をしっかり捉えてくれていると感じました。私は、小田島社長や渡辺社長が、どういう思いで仕事をされているのかまでは知りませんでした。でも、学生さんの書いた報告書を読んで、お二人の思いや考えを知ることができました。これは、とても大きな成果だと思います。この縁が、これからも続いていってほしいですね」

このように『つながる』の実施がきっかけでスタートした糸魚川市との連携は、その後、新たな成果を生んでいる。一つは、留学生のホームステイ・プログラムの実施で、もう一つは糸魚川市役所におけるインターンシップ・プログラムの実現である。

行政と協力してプロジェクトを進めるということは、双方にそれなりの負担がかかるものである。その一方で、さまざまなメリットがあるのだ。そして、行政との連携を進める際、すでに紹介したように、できる限り首長に依頼することでスムーズに進めることができる。人脈やネットワークを最大限に活用して、首長にアプローチする方向を探ることが重要なのである。

社会連携教育を定義すると

入門編の『踏み出す』とアドバンスド編の『つながる』で構成される『一歩』は、学内でも評価されるようになった。その結果「社会連携教育の推進ＰＪ」の一つとして位置づけられることになったのである。

この「社会連携教育の推進ＰＪ」は、２０１２年に早稲田大学が策定した中長期計画「Waseda Vision １５０」で掲げられた13の核心戦略の一つ「グローバルリーダー育成のための教育体系の再構築」を実行するために、２０１４年にスタートしたプロジェクトである。

当時の教務部長の大野は、その経緯について、

「社会連携推進室は、社会と連携しながら、『一歩』に代表される教育的な価値があるプログラムを開発してきました。まさに『社会連携教育』を行ってきたわけです。その成果を見える形にして、学内的にアピールするためにも『社会連携教育の推進ＰＪ』を立ち上げました。同時に、社会連携推進室以外でも行われている、さまざまな『社会連携教育』を横断的に可視化して推進することを、このプロジェクトの目的にしました」

社会連携教育の推進ＰＪは、「Waseda Vision １５０」の核心戦略の一つ「グローバルリー

ダー育成のための教育体系の再構築」の具体策である。では、なぜ『一歩』はグローバル人材の育成に有効なのだろうか？　現教務部長である古谷は、こう語る。

「グループには、必ずリーダーが生まれます。故意にリーダーを決めなくても、自然とリーダーシップを発揮する人が現れます。いい方を換えると、そういうリーダーがいないとグループは動かないんです。

グローバル規模でビジネスを展開するにも、アフリカの難民キャンプで援助物資を配るにも、国内の過疎の村でプロジェクトを立ち上げるにも、すべてリーダーが必要です。このように世界中どこでも活躍できるリーダーが、早稲田が考えるグローバルリーダーです。こうした人材を育成するには、さまざまな知識を身につけさせるだけでなく、人間力も鍛える必要があるのです」

考え方や価値観が違う人間が参加しているプロジェクトでは、必ず意見がぶつかる場面がある。そんなときこそ人間力が要求される。

「人間力がある人は、お互いの意見がぶつかった場面で、『お前の言うことも一理ある』とか、『お前の言うことなら信じよう』と言ってもらうことができます。結果として、グループをまとめることができるのです。そういう人間力を鍛えるためには、学生時代から、できるだけ多様な人とぶつかる経験が不可欠です。『一歩』は、まさにグローバル人材に要求される人間力を鍛えるために、最適な機会だと思います」

社会連携推進室では、社会連携教育の推進ＰＪの活動を開始するにあたって、まず「社会連携教育」の定義を行うことにした。その理由について坂倉は、次のように語る。

「日本の各大学では、『社会連携』と呼ばれる取り組みが積極的に行われていますが、社会と連携することで何をめざすのかについては、大学によって異なるようです。社会連携推進室でも、これまでさまざまな形で社会連携を行ってきましたが、一貫してめざしてきたのは、社会との連携を学生にとって学びの機会にすることです。この姿勢を明確に表現したのが、『社会連携教育』という言葉です。しかし、学内でも社会と連携することで何をめざすかについて、考え方に差がある可能性があるので、お互いの定義をすりあわせるために会議を行うことにしました」

会議は、グループワークの形式で行われた。参加した教職員全員が、教育に関わる者として自分が体験したケースを提出し、大学の教育現場が抱える課題を確認。大学教育がどうあるべきかを考えた。その上で、社会と連携しながら進める教育をどのように定義するかについて話し合った。その結果、最終的に次の内容に決まった。

社会連携教育の定義

キャンパスの外で、社会との具体的な関わりを通じ、学生自らが「実社会において生きること、生きていくこと」に関する気づきを引き出すこと。そして、その気づきに応じて、何を、いかに学ぶのかを考え直すきっかけをつくること。

ここで使われている「キャンパスの外」という文言は、原則として、リアルな現場で問題を体感することを意味する。ただし〝リアルな現場感覚〟が捨象されないことを前提として、キャンパス内で行われる教育も含まれることになった。

また「引き出す」という言葉が使われているのは、「教育（education）」の語源が「働きかけ、引き出すこと」であるからだ。

この定義では、学生が「実社会において生きること、生きていくこと」に関する気づきを得られるように、ふさわしい機会を与えることを重視している。「生きること」「生きていくこと」に光を当てたのは、大学卒業後にどのように生きていくかを考える機会を与えることが重要だという考え方があったからだ。

これまで社会連携推進室が手探りで行ってきた取り組みの中で大切にしてきた考え方が、「社会連携教育」という言葉を通して学内で共有されることになった。

学内でプログラムの評価を高めるための工夫

このように『一歩』が学内で評価された理由は、教育の本質に光があてられたからではないだろうか。

『一歩』を構成する入門編の『踏み出す』とアドバンスド編の『つながる』は、どちらも参加できる学生数が限られている。そのためプログラムの開発を開始する時点で、プログラムに関わる職員の数と経費を考慮すると、プログラムの内容を根本的に見直す必要があるのでは？という意見が出ることが想定された。それでも開発に踏み切ったのは、すでに紹介したように2013年の教務部集中討議で、「プログラムに参加する人数は少なくても、社会から〝べた褒め〟されるようなプログラムをしばらく続けてもよいのでは」という意見が出たからだった。さらに現教務部長の古谷も次のように述べている。

糸魚川タイムス

面白い人に会おう

早稲田大社会連携教育プログラム

漁業体験 交流も

学生ら糸魚川市訪問

上越漁協などで活動

糸魚川タイムス（2015 年 8 月 5 日）

「このプログラムに参加しても単位は得られません。それでも参加した学生は、何かを求め、今の自分を変えようと決心したのだと思います。このように心の準備ができた学生に機会を与えているから、効果が出ているのです。

それなのに、多くの学生が受講できる体制を整え、仮に必修化したとしたら現在のような教育的な効果は期待できないでしょう。見ず知らずの対象者のもとで、初対面の仲間と一緒に民泊という形で4日間を過ごす。こういう決断をするところに、リーダーシップの芽があると思います。人数を増やすことは、大切な芽が出る機会を失ってしまうことになりかねないと考えています」

こうした評価がある一方、社会連携推進室のメンバーは、さらに『一歩』の価値を高めるために工夫を重ねてきた。第一の工夫は、『一歩』がきっかけで生まれたつながりのうち、主に行政との関係を学内のほかの部署とシェアしたことだ。その結果、すでに紹介した糸魚川市のほかに、南会津町もインターシップや留学生の受け入れ先になっている。

「行政の担当者と雑談ができる関係になっていることが大きいと感じます。たとえば話の中で先方の担当者から『留学生の受け入れを考えているんです』と、ほかの部署のニーズに合致するような話が出たときは、その情報を担当部署に伝えます。そして、『必要があれば先方の担当者とつなぐことができますが』と提案します。学内の担当者から『お願いします』という返事があれば、両者をつなぎ、その後の進行は担当部署に任せるようにしています」（坂倉）

ほかにも、地域との連携を必要としている可能性がありそうな部署に足を運び、社会連携推進室がサポートできる案件がないかも確認してきた。地域のニーズと学内のニーズをつなぐ、いわば仲人のような役割を果たしてきたのだ。

第二の工夫は、プログラムがマスコミに取り上げられるように働きかけをしていることだ。

「〝対象者〟としてお願いする方は、地域でがんばっている方です。そういう方は、行政や地域の新聞社の記者を知っていることが多いんです。『マスコミ関係の方をご存知ないでしょうか？

このプログラムを、ぜひ地域の方に知っていただきたいと思います』というお願いもしています。また実際に掲載が決定した場合は、社会連携教育の推進ＰＪの成果として、必ずVISION１５０の担当者に報告しています」

大学にとっての意味とは？

このようにマスコミで取り上げられることは、大学の価値を高める上で有効であることは間違いないだろう。これは、どちらかというと「マクロ的」な面での効果であるが、同時に、「ミクロ的」な面でも大学に対するイメージアップのきっかけになると考えられる。たとえば『つながる』のプログラムでは、地域の人と交流する時間もとられている。実際に学生と接した地域の人たちが、真剣にプログラムに取り組む学生の姿を目にすることは、早稲田大学に対するイメージ向上のよい機会になるのではないか。また、最近の『つながる』では、地域の大人との交流だけでなく、地域の高校生との交流も行われている例もある。これから進路を考える高校生に対して、新たな選択肢があることを伝える機会となり得るし、学生にとっては、自分をふり返る機会になる。

さらに、すでに紹介したように『つながる』の実施によって行政とのつながりが深まり、インターンシップや留学生の受け入れが始まった。これは大学にとって、教育の場の確保という意味だけでなく、「地域とのつながりをさらに深められる」というメリットもある。そのつながりをうまく活かせば、今後、さらに新たな教育プログラムの展開も可能になるのだ。

ほかにも『踏み出す』や『つながる』を実施することで、学生とのつながりが深まることも大きな意味があると考えられる。そもそも『つながる』誕生のきっかけになったのは、社会連携推進室が実施してきたプログラムを通して女子学生Eとのつながりが深まり、学生が求めているプログラムの形を明らかにできたからだ。今後、『踏み出す』や『つながる』の実施を通して、さまざまな学生とのつながりが生まれることで、大学は、どんなプログラムを開発すればいいかについて貴重な情報を得ることができるだろう。

最後に、職員の教育の機会としても、大きな価値があると考えられることを加えておきたい。それを明らかにするためにも、『一歩』の開発を通して、社会連携推進室の二人のメンバーがどのように成長したのかを見ていこう。

職員にとっての成長とは？

伊藤は、『つながる』実施の過程で、数多くの対象者に出会ってきた。その中で印象に残っていることの一つが、秋田県大潟村で農業を営む松橋拓郎の「年収を比較しても仕方ないと思うんです。たとえば農家と首都圏のサラリーマンは生活の基盤が違いますから」という言葉だという。

松橋は、第一回目の『つながる』の対象者として三人の学生を受け入れた。そのお礼と報告書を渡すために、伊藤は松橋のもとを訪問した。そのときに、松橋から「生活基盤が違いますから」という言葉が出た。

「昨年の夏は、ゴーヤばかり食べていました。ほんとうに、よく採れたので（笑）。うちのような農家は、食費があまりかからないんですよ」

「なるほど」と伊藤は答えた。

「知り合いに、農業の循環型複合経営に挑んでいる人がいるんですよ。私から見ても、この人がどうやって稼いでいるのか想像もできません。このように生活の基盤が全く違うものを比較しても意味がないと思うんです。

でも『意味がない』とわかるには、今までの生活パターンや価値観が崩れるような体験が必要だと思います。こちらに来た学生さんにとって、ここでの4日間の生活が、そういう体験になっていればいいんですが」

松橋の話を聞いて、伊藤は次のように考えたという。

「収入を比較しても仕方がない。もちろん知識として知っていました。でも、自分とは全く違う生活をしている松橋さんの言葉を聞いて、腑に落ちた感覚がありました」

その後も、自然を相手に働き、地域に根ざして生きている対象者の話を聞くたび、異なる価値観にふれることは自分にとっても意味があると実感するようになった。

「糸魚川市の漁師、磯谷さんの話を聞いていると、漁に使う網を直すことと、網戸の穴を直すことが同じレベルで行われているんですね。仕事の工夫と生活の工夫の間に差がないというか……。そういう生活がうらやましいと思いました。

一方、私たちサラリーマンは、仕事でやることと生活でやることが切り離されている気がしました。現地に行って目の前でお話を聞くことで、新たな価値観にふれることができた。自分がどんな生き方をしているのかを見直す機会になったと思います」

「自分は職員だ」という意識を捨てて得られたものとは?

伊藤は『一歩』に関わるようになって、一般の大学職員の仕事をしていたら「絶対に会わなかっただろうと思われる人」と知り合いになった。また、プログラムを通して学生と関わるうちに、学生との関係も変わったと感じている。

伊藤は、学生の役に立てることを魅力に感じて大学職員の道を選んだ。社会連携推進室に異動する前も、学生と接するときには、学生のことを考え親身に向きあってきたつもりだった。

「ただ、自分はきちんと説明しているつもりなのに、相手に伝わっていないと感じることがありました」

社会連携推進室に異動した後は、ワークショップの場で学生とフラットな関係を構築するために職員用名札を外し、本名ではなく「自分が呼んでほしい名前」で呼んでもらうことを実践した。学生と会話をする際にも、「自分が学生時代にどんなことで悩んでいたのか」とか「なぜ、今の仕事に就いたのか」といった話をするようになった。そのうちに、以前学生に注意をしたときに、なぜ学生が話を聞いてくれなかったのか？　理由がなんとなくわかってきたという。

「当時は、あくまでも大学職員として学生に接していました。もちろん、できる限り丁寧に説明をしていましたが、あるところで線を引いて『ここまで言ってわからないのなら仕方がない』と諦めていたのだと思います。

最近では、『自分は職員だ』という意識を捨て、人としてつきあっていくことが大切だと考えるようになりました。まずは、その学生の話にしっかり耳を傾けて、なぜ、そういう行動をとるのかを考えるようにしています。その上で、自分が伝えたいことがはっきりしたら、それを自分の言葉で伝えることだと思います」

大切なのは、自分の意識を変え、行動を変えることなのだ。この気づきを、伊藤は、２０１６年度の新入職員研修で新人たちに伝えた。伊藤は、社会連携教育に携わるときの心構えを、新人に説明することになった。そこで伊藤は、「いい器があってもやる気がないとダメです」と伝えたのだ。

大学内には、すでにさまざまな連携があり、その連携を活かすことで、さまざまな教育が行われている。まさに早稲田という「いい器」がすでに存在しているのだ。この「いい器」を活かし連携を強くするためには、やるべきことを確実に実行する必要がある。そのためにも、自分のモチベーションを高める必要があるのだ。では、そもそも連携を強くするためにどんなことを実行する必要があるのだろうか?

「連携先の担当者としっかり向きあい、コミュニケーションをとることです。その上で、相手の立場に立って考え、こちらのメリットだけでなく、相手にもメリットがあるようにプロジェクトを進行することです。学生に対して意識を変えるのが大切なのと同じように、担当者に対しても意識を変えることが必要です」

そのプロセスでは、さまざまな困難に直面することもあるだろう。また、なかなか結果が出ずに、気持ちが折れそうになることもあるだろう。こうした状況を乗り越えるためには、モチベーションを高める工夫が必要なのだ。では、伊藤にとってモチベーションを高める原動力となったものは、何だったのだろう?

「糸魚川のプロジェクトは、それまで自分にとって過去の点だった部分がどんどん現在につながって線になっていく感覚があって、とても充実していました。こういう気持ちになれたのも、自分のルーツがある場所だったことが大きいと思います。『糸魚川は、どういう地域なのか?』『そこにどんな人が生きているのか?』について、知りたいという気持ちが強まりました」

社会連携教育を推進する際の核となるキーマンや、学生を受け入れてくれる対象者を探すためには、伊藤のように地縁をたどる方法は有効である。そして地縁をたどることは、その人にとってモチベーションを高めやすいという利点もある。二つの面で、地縁をたどる方法は強力なのだ。

「これまでの経験が活かせる」とわかったことの意味

坂倉は、社会連携推進室の仕事をするようになって、学生から「坂倉さん」と呼ばれるようになったことが嬉しいと感じている。

大学時代、数学を学ぶために理系の大学に進学した坂倉は、心理学に興味をもつようになった。どこか生きづらさを感じ、その根源がどこにあるかを知りたいという欲求からだった。エンカウンターグループに参加して、自分の生きづらさの根がどこにあるのかを探っていった。

「苦しさのもとがどこにあるのかを把握しないと、この先もずっと苦しい人生を送るのではないかと考えていた気がします。エンカウンターグループには、さまざまな悩みを抱えている学生が参加していました。ほかの人の悩みを聞いているうちに、『みんな悩んでいるんだな』とわかってきました。それだけで、少し気持ちが楽になったのを覚えています。また、話を聞くだけでなく、自分も話をすることで、自分自身に対する理解が深まっていきました。話を聞くこと、話をすることの大切さを実感しました」

卒業後、大学職員として働くようになると、坂倉は別な悩みを抱えるようになった。

「自分の存在価値はどこにあるんだろう？　仕事をしていることと、自分の人格とが一致していない感じがして苦しかったことを覚えています」

そこで、通信制の大学で心理学を学びながら、その苦しさがどこから来るのか勉強を続けた。できれば、大学院にも行きたいと考えていた頃に、坂倉は社会連携推進室に配属された。そしてさまざまなプログラムを実施するうちに、次第に本音に近い部分で話ができる学生との関係が育ってきた。

「自分が大学生の頃に悩んだことや、エンカウンターグループで気持ちの整理をしたこと、その後、心理学の勉強をして学んできたことなどを伝えました。そのうちに、自分の体験を伝えることは、学生のためになることがわかってきて。これが自分の役割だと思うようになったんです。

私は大学時代、一人で悩んでいる時間がかなりありました。『このままではいけない』と思いながらも、そこに居続けてしまうんです。今ふり返って思うのは、『思っていることや感じていることを話せる大人がいればよかったのに』ということです。もちろん同世代の友人に話すことも大切ですが、『そうだよね、大変だよね』で終わってしまって、発想の転換が起こらないんです」

一方聞き手が大人であれば、次のような言葉を返すことができる。その結果、話し手の心の中で発想の転換が起こる可能性があるのだ。

「今のあなたの気持ちは急には変わらないから、うまくつき合っていく方法を見つけることが大切だと思う」

「ご両親のことを抱えきれないという気持ちはよくわかった。たしかにつらかったと思う。でも、親子であることは変えられないし、あなたが両親のことを心配する気持ちは大切にしてほしい。だけど、もっと自分のことを大切にして、わがままになっていいと思う。両親から少し離れて、自分がどう生きたいのかを考えてもよいと思う。『両親に対してもっと優しくなれたら』と自分を責めることはしなくていいと思う」

場を用意する人にとっても成長の場となる

ほかにも坂倉は、自分が母親という役割を体験してきたことが、学生との関係を構築する際には役に立つとわかってきた。

「母親のことで悩んでいる学生には、まず、私自身が子育てで悩んでいたことを話します。そして、『あなたのお母さんも、あなたを育てることで悩んでいるのかもしれないよ』といった感じで伝えるようにしています。

以前は、職員としてのキャリアを考えると、母親になったことがプラスになったとは思えませんでした。でも、社会連携推進室で学生の悩みを聞くようになると、これまでの体験が役に立つんだと素直に思えるようになりました」

学生との関係が構築できるようになるにつれ、卒業式の後にあいさつに来てくれたり、卒業後に近くに来たからと社会連携推進室に顔を出してくれたりする卒業生の数が増えた。

「一人でも自分の名前を覚えてくれる学生がいれば、職員として幸せを実感できると思います。先生方は、そのような経験をゼミでしているのだと思うんです。専門知識を教えるだけでなく、就職の面倒を見たり、卒論の指導をしたりするうちに、一対一の関係が生まれているのですね」

しかし、この社会連携推進室のメンバーのように、ふだんから学生と一対一の関係を構築するような機会は少ない、と考える職員も存在するだろう。

「たとえば、カウンター越しで学生と接する場合も、教育の機会をつくることは可能です。たとえば、レポート提出の際にホチキスで止めることがルールになっているのに、実際にはホチキスで止めていない学生がいたとします。その場合、『ルールだから、受付ができない』という説明だけで終わるのではなく、『社会に出てもルールはある。学生時代のうちから、ルールを守ることをしっかり意識しようよ』などと伝えることができます。ほかにも、たとえば帽子をかぶったまま、カウンターに来た学生には、『帽子をとってから話をしようよ』と伝え、なぜ、帽子をとる必要があるかを説明すればよいと思います」

坂倉が重視しているのは、学生が社会に出たときに求められることを、学生時代に体験させることなのだ。その一つとして、坂倉は、人とのつながりの大切さを実感させたいと考えている。

「『つながる』の対象者は、何もできない学生を温かく受け入れてくれます。学生は、そのように温かく受け入れてもらうことが、どれだけ嬉しいことなのかを体感します。さらに対象者は、地域でつながりがある方を学生に会わせてくれたり、学生に対して、自分が人とのつながりを大切にしていることを話してくれたりします。

こうした一連の体験を通して、学生は人とのつながりの大切さを実感します。そして、自分の心の中にも『周りの人とつながりたい』という気持ちがあることを発見することがあるのではないでしょうか」

こうした発見は、思い切って相手にぶつかってみようとする原動力になる。そして実際に相手とぶつかることで、相手の価値観だけでなく、自分の価値観も知ることができる。なによりも、人とぶつかることで得られる喜びを実感できるのだ。さらに、こうした体験を通して、学生は相手に対して関心をもつことの大切さを実感する。結果として自己中心の閉塞された世界から脱出して、広い世界に一歩足を踏み出すことができる。これこそが人間としての成長と言えるのではないか。

興味深いのは、学生のためにこうした場をつくるプロセスで、坂倉も、自分自身に対する理解を深めていったことである。まさに坂倉にとっても、学びの場になっていたのだ。同じことが、社会と連携して教育を行うときにも起こっていると考えられる。社会連携教育を推進することは、単に学生に教育の場を提供するだけでなく、連携先にも教育の場を提供する営みなのだ。そして、このような全く新しい試みを職員が推進できる。これこそが、『一歩』の取り組みから読み取れる最大の意味なのだ。

この章で起こった「結果」と「成果」

▼主要な登場人物……社会連携推進室の坂倉と伊藤、古谷修一、米田徹、藤田年明、中村淳一、磯谷光一、松橋拓郎

▼現場……………糸魚川市、大潟村

▼起こったこと……『一歩』のアドバンスド編『つながる』の実施は、その地域の行政にとっても、また学生の受け入れた対象者にとっても、また大学組織にとっても意味があることだった。そして社会連携推進室のメンバーにとっても、自分自身が成長する機会になっていた。

おわりに

さあ、「人にぶつかる」追体験はいかがだったでしょうか。

この一連の体験記で明らかになったのは、きわめてシンプルなことです。それは、教育の本質論に関わる重大なポイントである、「関わったすべての人たちが育てられた」という事実です。

思い起こしてください。「人にぶつかる」をプログラムの基本思想に据えた大学職員たちが、実は最初にやらなければならなかったのが、自分たちが「人にぶつかる」ことだったのです。はじめに「学生にぶつかり」、次に「学生をぶつける相手を紹介してくれる人にぶつかり」「学生を受け入れてくれそうな人にぶつかり」「行政のキーパーソンにぶつかり」、そして「学内の関係者にぶつかり」。

そして、一つ一つのミクロな「ぶつかり」が、一対一の関係性を深め、互いの気づきを引き出すことに成功したからこそ、「学生が人にぶつかる」プログラムが実現できたのです。

さらに、「学生を受け入れた方々」も、「学生がぶつかってくれる」ことで、さまざまな気づきを得ることになったのではないでしょうか。

各章のとびらにある「この本の地図」をもう一度ご覧ください。

右下に入門編の『踏み出す』プログラム、その左にアドバンスド編の『つながる』プログラム、二つのプログラムを包摂する『一歩』プログラムを確認できたでしょうか。そして、一番外側にある大きな円に『一歩』プログラム（拡大版）とあります。

狭義の『一歩』プログラムは、学生に対し大学が提供する教育プログラムですが、大学職員が中心となってそれを企画・実行しているプログラムの全体が、実は「拡大版」であったという気づきです。なぜなら、この『一歩』プログラムは、関係したすべての方々の、勇気をもった『一歩』によって成立しているからです。

そして、残念ながらこの拡大版『一歩』プログラムを企画・実行する過程で、ミクロな個人にたまったノウハウのすべてをこの本に表現することは当然のことながらできませんでした。もはや、言葉で表現できるものではないのかもしれません。もしご興味をもたれたら、直接関係者と会って聞き出してください。

この本を執筆するにあたって、多くの方々にご協力とご支援をいただきました。本の内容を簡潔なものとするために、登場人物をかなり限定して、複数の方々の気づきを一人の方の語りに凝縮した場合もあります。特に、坂倉みどりさん（社会連携推進室課長・当時）と伊藤岳さん（社会連携推進室）にはたびたびご登場いただき、感謝いたします。また、このプロジェクトに関わられた社会連携推進室の皆さまや、この本の作成にあたりインタビューにお答えいただいた方々のお名前をここに記して、お礼といたしたいと思います。

早稲田大学社会連携推進室
前室長・井上文人さん、室長・横山勝常さん、初代副室長・奥山龍一さん、前副室長・高橋圭三さん、課長・塩月恭さん、児玉千加代さん、羽深浩二さん
江頭優介さん、小野原公子さん（共に、佐賀県より早稲田大学に出向）

早稲田大学教務部長
大野髙裕先生（当時）、古谷修一先生（現在）

新潟県糸魚川市
米田徹さん（糸魚川市長）、藤田年明さん（糸魚川市総務部企画財政課・課長）、中村淳一さん（同企画係・係長・当時）、山崎英俊さん（金蔵院・住職）、渡辺吉樹さん（渡辺酒造店・代表）、小田島修平さん（株式会社小田島建設・代表取締役）

さらに、本としてまとめるためにアドバイスをいただいた仙道弘生さん（株式会社水曜社・代表）、保原万美さん（株式会社早稲田大学アカデミックソリューション）、インタビューの収集に多大なるご尽力をいただいた五木田勉さん、お礼を申し上げます。

社会連携教育プログラムIPPOプログラム実施に際しお世話になった方々

①tsunagaru-chiikiru 受入の方々

伊川 健一さん（奈良県大和郡 健一自然農園 代表）
磯谷 光一さん（新潟県糸魚川市 上越漁業協同組合 代表理事組合長）
大石 亘太さん（島根県奥出雲町 ダムの見える牧場 代表）
小田島 修平さん（新潟県糸魚川市 株式会社小田島建設 代表取締役）
河上 めぐみさん（富山県富山市 有限会社土遊野 代表）
小原 真弓さん（福岡県朝倉市 株式会社花水木 女将）
小林 恭介さん（東京都新島村役場 新島村ふれあい農園・当時）
齋藤 聡さん（島根県雲南市 有限会社奥出雲葡萄園）

杉町 省次郎さん（佐賀県佐賀市 佐賀県有明漁業協同組合佐賀市支所 組合長）
鈴木 博之さん（新潟県新潟市 株式会社ニイガタ移住計画 代表取締役）
染谷 亜紗子さん（福島県南会津町 花泉酒造店）
中山 敬子さん（佐賀県玄海町 株式会社中山牧場）
肥田野 正明さん（新潟県新潟市 株式会社バウハウス 代表取締役）
松橋 拓郎さん（秋田県大潟村松橋ファーム 代表）
村 亮さん（北海道岩見沢市、株式会社ポリマー技研 代表取締役）
萬谷 浩幸さん（石川県加賀市 よろずや観光株式会社 代表取締役社長）
渡辺 吉樹さん（新潟県糸魚川市 合名会社 渡辺酒造店 代表）

② tsunagaru-mochimasu 受入の方々

赤原 宗一郎さん（座間市 株式会社赤原製作所 代表取締役）
板橋 正幸さん（江戸川区 株式会社春江 代表取締役）
江原 茂さん（新宿区 株式会社ヨシカワ商事 代表取締役社長）
菊地 加奈子さん（横浜市 株式会社ワーク・イノベーション 代表取締役・園長）
齋藤 大天さん（深谷市 愛鶏園 代表取締役）
三瓶 修さん（川崎市 日崎工業株式会社 代表取締役）

鈴木 崇司さん（江東区 株式会社プログレス／株式会社 KIZNA 代表取締役社長）
髙橋 正実さん（大和市 株式会社ティエスイー 代表取締役社長）
田中 友統さん（国立市 ニッポー設備株式会社 代表取締役社長）
月田 賢さん（国分寺市 有限会社ティー・カンパニー 代表取締役）
西村 修さん（大田区 株式会社エース 代表取締役社長）
浜野 慶一さん（墨田区 株式会社浜野製作所 代表取締役）
宮治 誠人さん（中野区 宮治通信工業株式会社 代表取締役）
宮島 茂明さん（中野区 宮島物産株式会社 代表取締役社長）

③ tsunagaru プログラム実施に際し、覚書を結んでいただいた行政の方々
大宅 宗吉さん（福島県南会津町 町長）
小沢 博さん（東京都新島村 村長・当時）
谷口 太一朗さん（佐賀県嬉野市 市長）
古川 康さん（佐賀県 知事・当時）
山口 祥義さん（佐賀県 知事）
米田 徹さん（新潟県糸魚川市 市長）

④tsunagaruプログラムにご縁を分けていただいた主な方々

友廣 裕一さん（一般社団法人つむぎや 代表）

藤田 淑郎さん（元りそな総合研究所株式会社副社長　早稲田大学社会連携研究所 招聘研究員）

山崎 英俊さん（新潟県糸魚川市 金蔵院 住職）

※文中の「早稲田大学教務部社会連携推進室」は、２０１６年10月1日付で「早稲田大学教務部教育連携課」に名称変更しました。

友成 真一（ともなり しんいち）

早稲田大学理工学術院教授。社会連携研究所所長。大分県生まれ。京都大学大学院工学研究科修了後、通商産業省（現・経済産業省）を経て2002年より早稲田大学。専門は「地域経営」「行政経営」「自分経営」「環境経営」「環境政策」「エネルギー政策」。2008年に第3回ニッポン新事業創出大賞で経産大臣賞を受賞。著書に『問題は「タコつぼ」ではなく「タコ」だった（自分経営入門）』（ディスカヴァー携書 2008年）、『現場でつながる！ 地域と大学』（東洋経済新報社 2004年）。

ワセダ発《はつ》！ ぶつかる社会連携《しゃかいれんけい》
——大学職員《だいがくしょくいん》による教育《きょういく》プログラム

発行日　二〇一六年一一月二九日　初版第一刷発行

著者　友成 真一
発行人　仙道 弘生
発行所　株式会社 水曜社
〒160－0022 東京都新宿区新宿一－一四－一二
電　話　〇三－三三五一－八七六八
ファックス　〇三－五三六二－七二七九
URL：suiyosha.hondana.jp/

装幀　河合 千明
本文DTP　小田 純子
印刷　日本ハイコム 株式会社

ISBN978-4-88065-398-3 C0037